ついつい
やっちゃう

上司・リーダーのための

不安全行動改善の手引き

動機づけ面接を活用した4×4で組み立てる部下との関わり

産業医科大学 教育教授
柴田喜幸 著

佐賀県産業医学協会 理事
後藤英之 

中央労働災害防止協会

はじめに

パターンの繰り返しで「指導法」を身に付けよう！
～動機づけ面接「MI（Motivational Interview）」を参考に

あなたの部下は、
「やってはいけないとわかっちゃいるけど、ついついやってしまう」
「やらねばいけないとわかっちゃいるけど、ついついサボってしまう」
ということはありませんか？
この本は、職場の中で、部下や後輩の「わかっちゃいるけど、ついつい…」を改善指導するためのものです。

職場の安全衛生に関する17の事例をもとに、指導方法を主人公の「山田さん」らとともに考えていきます。事例は、労働安全衛生規則の「雇入れ時等の教育」の項目に沿っていますが、新人のみならず、あなたの職場のOJT（On the Job Training；仕事をしながらの教育）にも役立つはずです。

さて、冒頭に「わかっちゃいるけど」と書きました。つまり、すでに本人が知っていることですから、それを説明しても飽きられたり、嫌がられるばかりでしょう。
ではどうしたらよいか。
そこで、「４つのプロセス」と「４つのスキル」という大きく２種類のワザを使います（P. ８の表１、２参照）。
この２種類の「ワザ」は、「動機づけ面接」（通称「MI; Motivational Interview」）という考え方や技術をベースにしたものです。しかしこれをすべて説明すると、ものすごいボリュームになってしまいますので、本書ではそのごく一部の重要なエッセンスのみを、専門用語をなるべく使わず、時に簡略化しながら紹介していきます。

17の事例は、状況こそ異なれど基本的にどれも同じようなパターンで進行します。
これは、パターンを繰り返すことにより、皆さんが日常で自然にこのワザが使えるようになれることを意図しています。野球の千本ノックや、ピアノの運指練習に通じます。

読むだけでなく、各章末には考えを整理・応用する練習のページもありますので、是非活用してください。また、これを教材にした職場のミニ研修会などもオススメです。

実りある学びを期待しています。

2022年4月　柴田喜幸

目　次

1．事例の設定と登場人物

指導方法を
アドバイス

信頼

上　司

指導のワザを使いこなす
黒岩主任（32）
入社14年目

主人公

5Sが苦手な
山田さん（23）
入社5年目

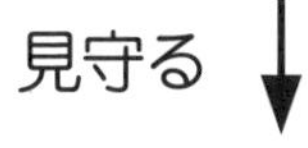

見守る

信頼

教育係

よい先輩

後　輩

ついつい不安全行動をする
佐藤さん（20）
入社2年目

新　人

仕事を覚えてきた
木下さん（19）
入社1年目

設定

折尾運輸機器工業㈱の本社工場。
自動車・バイクなどの部品の量産や、客船のパーツなどの一品物も扱う。
社員は300人。製造部製造1課は、大型自動車のバンパーなどの加工を主に担当している。
現場はラインがメインだが、手作業もあり、重量物や、メッキ・塗装時の化学物質やグラインダー作業での粉じんなどの危険有害要因もある。夏には40℃近くにもなり、6m程度の高所作業もある。3交替勤務もある。

登場人物

黒岩主任（入社14年目）、山田さん（同5年目）、佐藤さん（同2年目、メタボ気味）、木下さん（同1年目、新人）が働いている。
山田さんは、仕事の腕は悪くはないが、5Sのうち、特に「躾」があまりよろしくなく、ルールが守れない（聖人とは言えない）。
黒岩主任は、山田さんを前年に入社・配属になった佐藤さんの教育担当者にし、それを通じ、山田さん自身の教育機会も兼ねることにした。
山田さんは、「自分自身が必ずしもできていないこと」を後輩佐藤さんに指導するという葛藤の中で佐藤さんに向き合う。仕事を覚えてきた木下さんも登場。

※事例中の名称はすべてフィクションであり実在の人物、団体とは一切関係ありません。

2．この本の指導法の流れ
～動機づけ面接「MI（Motivational Interview）」を参考に

事例　序　工具落下～二日酔いによる居眠り　指導例

　ある日、あなたの部署の後輩が作業中に居眠りをして、持っていたスパナを足の上に落として悲鳴を上げたとしましょう。

　幸い軽い打撲で済みましたが、聞けばその後輩は前夜、高校時代の友達と深夜まで飲み会だったとのこと。さあ、先輩であるあなたはどう指導しますか？

　折尾運輸機器工業㈱の本社工場。まさにこのアクシデントを起こした入社2年目の佐藤さんに、5年目の先輩山田さんが指導をしています ケース1 。ちょっと見てみましょう。

ケース1

山田　　　　　　　　　　　　　　　　　　　　　　　　佐藤

(1) 作業中の居眠りなんて絶対許さん。平日は9時に寝ろ。　…

(2) 自分だけならまだしも、ヘタすれば他人も死ぬぞ。　… 

 (3) 反省の証しに、1カ月は禁酒ってのはどうだ。　… 

 (4) 『ハインリッヒの法則』といって、1件の重大事故の裏には29件のこうした軽症事故、そして「ヒヤリ・ハット」する事例が300件あると言われているんだ！

…

 (5) 安全はすべてに優先するって、習っただろ！　… 

 (6) おまえみたいなやつが無事故記録を台無しにするんだ！　…

（佐藤、終始黙っている）

　いかがですか？　山田さんの佐藤さんへの叱責、これをあなたが言われたと想像してみましょう。

　心に染みるどころか、もしかすると　「そんなこと言われなくてもわかっている」「そこまで言うことないじゃないか」「わかったから早く終わってくれ」と思うかもしれません。

　それもそのはず、これらはセリフの順に　(1)**命令**、(2)**脅迫**、(3)**一方的な提案**、(4)**論理的説得**、(5)**説教**、(6)**侮辱**、といった、相手をその気にさせるためには禁じ手の代表例です。

　さて、その様子を、2人の上司の黒岩主任が遠くから見ていました。

　休憩時間、黒岩主任は山田さんに声をかけると次のように話をしました ケース2 。

ケース2

①関わる

黒岩 (1) お疲れさま。**工程はどんな感じ？<O>**

山田 (2) お疲れさまです。はい、まあまあ、順調です。

(3) **そっか。さすが、山田さん。短納期なのに、ご苦労かけます<A>。**

(4) ありがとうございます。

②焦点化する

(5) ところでさっきの佐藤さんの件、びっくりしたよ。

(6) ああ、あいつ深酒して居眠りなんかしやがって、仕事を舐めてるんですよ。

(7) **仕事を舐めてる…<SR>。**なるほど。で、びっくりしたのはもう一つあって。

(8) はあ…。

(9) 山田さんのあの剣幕。佐藤さんもビビッていたみたいだけど。

(10) いや、安全はあのくらい強く言わないとだめなんすよ…。

③引き出す

(11) なるほど、**命に関わるのだから、**
忘れないように強く言わなければ、と<CR>。

(12) そう、そうなんですよ！

(13) 一方で、そういう山田さんもこの前の月曜日は二日酔いで
お昼も食べられなかったみたいだったけど…。
前日が町内のお祭りとかで…。

(14) あ、いや、わかっちゃいるんですけど、あの日はついつい…。

④計画する

(15) いや、責めてるわけではなく。
安全は命に関わることだから身に染みるように指導することが必要。
と同時に、誰もが「わかってはいるけどできない」ことはある<S>。

(16) なるほど。

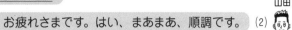

(17) その両立をどうするか、工夫しながら
指導をしていってほしいんだ。**どうしよう<O>**。

(18) …わかりました。自分の怒りの感情を抑えて、伝わる言い方を工夫します。

二日酔いは危険とわかっている山田さんも数日前は…。

つまり「わかっていること」と「できること」はどうも異なるようです。黒岩主任の山田さんへの助言は、それをふまえて指導してほしいということでした。

ここで、この黒岩主任の山田さんへの話しぶりに注目してみましょう。先ほどの、佐藤さんが反発しそうな山田さんの話し方とだいぶ異なりませんか？

実は、黒岩主任は、ある「ワザ」を使って会話をしているのです。

そのワザとは。

ケース2 で、山田さんとの対話の中で黒岩主任は、表1の①～④の4つのプロセスで組み立てています。セリフの左に○数字で記しています。

【表1】　4つのプロセス

①**関わる**=気持ちよく話せる土台を作る

②**焦点化する**=話題やその方向を決める

③**引き出す**=「変わらなきゃ」という気持ちを強める

④**計画する**=次にやることを決める

またこの会話は、表2の(1)～(4)の4つのスキルを使っています。セリフに下線とともに付した<SR>などといった変な記号がついていたのがそれです。

【表2】　4つのスキル（ケース2対話の下線部。）

(1) **<質問>**：開かれた（YES/NOで答えられない）質問
　= Oと略（Open Question）　<O>

(2) **<是認>**：相手の努力や強みを認める
　= Aと略(Affirming)　<A>

(3) **<聞き返し>**
単純：相手の発言を繰り返す
　= SRと略(Simple Reflection)　<SR>

複雑：相手の心の奥にある気持ちを聞く
　= CRと略(Complex Reflection)　<CR>

(4) **<要約>**：それまでの話をまとめる
　=Sと略(Summarizing)　<S>

では ケース3 で、黒岩さんがそのワザを使った場合の佐藤さんへの指導の例を見てみましょう。

ケース3

①関わる

黒岩  (1) いやあ佐藤さん、大きな音がしたんでびっくりしたよ。
ケガとか、どうだった？<O：開かれた質問>

佐藤  (2) あ、スイマセン。ちょっとした打撲だけで。

②焦点化する

 (3) **ちょっとの打撲<SR：単純な聞き返し>**で少しほっとしたよ。
ところで聞くとこによると居眠りしちゃったとか。

 (4) あ、ハイ。スイマセン。夕べ久々に旧友と、遅くまで飲んでて…。

 (5) そっか。**久々に旧友と…<SR：単純な聞き返し>。**

 (6) ハイ、でも多少足が痛くても仕事に穴開けられないんで、
作業は続けましたが。

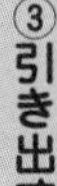
③引き出す

 (7) **責任感が強いなあ<A：是認>。**
ところで、多少とは言うものの、今もかなり痛い…
<CR：複雑な聞き返し>。

 (8) ハイ。実は歩くたびにズキズキするんです。
もう、あんな飲みすぎは…。

④計画する

 (9) **楽しむときは、思いっきり楽しみたい。**
でも、翌日に影響するまではよくないと<S：要約>。
今後はどうしたらいいかな<O：開かれた質問>。

 (10) 翌日が休みの日にしてもらうとか、途中で帰るのが難しければ、
せめてウーロン茶に切り替えるとか…。

 (11) **いいねぇ <A：是認>。**
足の痛みで作業に支障が出そうなら早めに言ってね。

いかがでしょうか。 ケース1 の山田さんの「絶対許さん。平日は9時に寝ろ」…よりも、いささか佐藤さんの心にも届きそうではありませんか？

この本では、佐藤さんや時に山田さん・木下さんのように、「わかっちゃいるけど、ついついやってしまう」ことに対し、 ケース2 ケース3 の黒岩主任のようなワザを自然に使えるように繰り返し疑似体験していただきます。

「4つのプロセス」「4つのスキル」を日常で是非使いこなしてください。

より詳しく知りたい人のために
動機づけ面接（MI）の基本的な考え方と技術（抜粋）

（順番は、本書の内容にあわせてアレンジしています）

1. 4つのプロセス

⑴ 関わる＝気持ちよく話せる土台を作る

⑵ 焦点化する＝今日の話題を決める

⑶ 引き出す＝「変わりたい気持ち」を強化する

⑷ 計画する＝まず始めることを具体的に決める

2. 4つの基本的なスキル　※質問1回＋聞き返し2回以上のセットが理想

⑴ 開かれた質問：はい・いいえや選択肢でなく、考えなどを言葉で答えてもらう

⇒質問、または<O>（Open Questionの略）と表記

⑵ 是認：相手の強みや善意、努力を言葉にして褒める、讃える

＝是認、または<A>（Affirmingの略）と表記

⑶ 聞き返し：下記の2種類がある

①単純な聞き返し：相手の言葉のオウム返し

⇒単聞、または<SR>（Simple Reflectionの略）と表記

②複雑な聞き返し：背景にある状況・思考・感情を想像して聞き返す

⇒複聞、または<CR>（Complex　Reflectionの略）と表記

⑷ 要約：相手が述べたことを整理し、確認する

⇒要約。または＝<S>（Summarizingの略）表記

※指示や情報提供は入っていないことに着目！

3. MIの4つの精神　※本編中の<発展学習>もあわせてお読みください。

⑴ 協働：相手と対等な関係で協力する（P.34）

⑵ 受容：相手への信頼、強みを見つけ言葉で返す、相手の考えを認める（P.50）

⑶ 思いやり：相手の幸福を最優先する（P.58）

⑷ 喚起：変わりたいと願う本音を引き出す（P.66）

※さらに詳しく学びたい人は「あとがき」の参考図書をご覧ください。

第1章 危険性や有害性とその取扱い

第1節 安全通路外の歩行 ～ついついショートカット

事例1

佐藤さんは、工場内の旋盤から事務所に移動する際、本来なら横断歩道のあるところを直角に通行しなければならないのに、「近いし、見通しがよいから」と、矢印のようにショートカットしてしまいました。

ところがそれを黒岩主任が偶然見ていました。

黒岩主任は早速山田さんを呼び、佐藤さんへの指導を依頼しました。

事例的要素		
学習課題	事　例	ついついの理由
安全通路外の歩行	近道（ショートカット）	急いでいたので

事例1　安全通路外の歩行

山田 (1) （昼休み、休憩室で）
（心の声：あ、佐藤～、ショートカットなんてしやがって、
おかげで俺が黒岩主任から厄介なこと言われたじゃないか…。
とはいえ、最初は…「関わる」だったか。やってみるか…。）
午前中お疲れさま。例の新しい旋盤の搬入、大変だったでしょう<A>。

あざす。業者さんが大勢入ってくれたので助かりました。 (2) 佐藤

---

(3) それはよかった。ところで、さっき佐藤さんの横断を見て心配してくれた人から連絡があったんだけど、**どうかな？<O>**

ショートカットのことですか？ (4)

(5) うん。そうそう、思いあたる節、ある？

はい。その旋盤の据え付けで、
大勢の業者さんを待たせていたので、
急いで図面取りに行かなきゃならなくて、
加工ラインから事務所にショートカットして。 (6)

(7) なるほど。**待たせていた、と<SR>。**

はい。それに見通しもよくて、フォークリフトも走ってなくて。 (8)

(9) **危ないかも、っていう気持ちも多少は頭によぎった…<CR>。**

少しは…。 (10)

(11) **というと、例えば？<O>**

ストックヤードの積み荷の間から突然フォークリフトが出てくるとか…。 (12)

---

(13) **おお、ありそうだね！　しっかり気付けたね<A>。**
そして、今日は急いでいた。**じゃあ、今後はどうしようか<O>。**

図面を用意しておかなかったは私の準備不足だったし、
今後は、前準備をしっかりして、通路も守ります。 (14)

(15) **前準備をしっかりして、見通しが良くても通路は守って、安全に仕事を、だね<S>。**
では、午後も頑張りましょう！

はい！ (16)

①関わる

上司からの指摘に、穏やかではなかったかもしれない山田さんですが、昼休みの休憩室で、いきなり怒鳴りつけたり小言を言うのではなく、「午前中お疲れさま～」と、午前の勤務へのねぎらいから始め、和やかな空気を作っています(1)。
この時のスキルは**＜A：是認＞**ですね。佐藤さんも「あざす」とフレンドリーです(2)。
こうして、確実に「①関わる」を行っていますね。

②焦点化する

次に、話題を絞ります。違反と切り込まずに、佐藤さんに思い当たる節はないか、冷静に確認していますね(3)。佐藤さん自らショートカットの話題が出て(4)、「②焦点化する」ができました。
なお、この**「どうかな？」**は**＜O：開かれた質問＞**というスキルにあたります。これが「心当たりある？」だとYES/NOで答えられるので閉じた質問ということになります。

③引き出す

そしていよいよ、③引き出す＝「変わらなきゃ」という気持ちを強化するステップです。
佐藤さんは、聞きようによっては「言い訳」ともとれる発言を始めましたね((6)(8))。それを山田さんは「言い訳するな！」などと切り捨てず、佐藤さんのすぐ前のセリフの、しかも気持ちを占めているであろう**「待たせていた」**という言葉をオウム返ししています。これは**＜SR：単純な聞き返し＞**ですね(7)。さらには「フォークリフトも走ってない」という佐藤さんの言葉から、**「危ないかも、っていう気持ちも多少は頭によぎった…」**と気持ちを推し量る**＜CR：複雑な聞き返し＞**で、丁寧に佐藤さんの気持ちを確認しています(9)。
そうして、佐藤さんの気持ちを十分に分かち合った上で、山田さんは「でも、ルールはルールだ」という紋切り型にはならず、**「というと、例えば？」**と、**＜O:開かれた質問＞**を使い、あくまで佐藤さん自身の気付きを促しています(11)。

④計画する

山田さんは**「しっかり気付けたね」**と**＜A：是認＞**した上で、ここまでを受けて**「今後はどうしようか」**と**＜O：開かれた質問＞**をし(13)、「④計画する」を問うています。
佐藤さんも2年目ですので、すぐにそのイメージがわきました。
そして、急がねばならなかったのは自分の準備不足であったことにまで気付きました(14)。
それらを山田さんは**＜S：要約＞**していますね(15)。
冒頭の通り、「厄介な指導」と感情に任せず、じっくりと「①関わる」ことから始めたり、相手の事情を批判せずじっくり聞いたりという姿勢に努めた山田さんでした。

補足

「急いでいるし、近いし、見通しがよい」という理由から、ショートカットしてしまった佐藤さん。
山田さんはそのことを上司の黒岩主任から指摘されました。
最初はカチンときていた山田さんでしたが、気を取り直して佐藤さんに臨みました。
山田さんの指導を、4つのプロセス（P. 8表1参照）を手掛かりに再度見てみましょう。

安全衛生のみならず、さまざまなシーンでの活用を！

いよいよ本編が始まりました。感触はいかがですか？

ところで、製造の仕事に就いて久しい方であれば、次のキーワードをよく聞かれるかもしれません。

S（Safety）：安全
M（Morale）：意欲
P（Productivity）：生産性
Q（Quality）：品質
C（Cost）：コスト
D（Delivery）：納期
E（Environment）：環境

製造業ではこれらを追求する、というわけです。

安全第一は自明として、品質・コスト・納期、そしてそこから導かれる生産性は、細かい指標を設け管理されているでしょう。近年ではISO（国際標準化機構）やCSR（企業の社会的責任）、SDGs（持続可能な開発目標）などの視点で環境にも厳しい目が注がれます。

では、意欲はどうでしょうか。最もなおざりにされていることはないでしょうか。

しかし、この意欲＝求められる業務をやろう！ という動機こそが、すべての源だと考えます。

本書の話題は安全衛生ですが、学んでいただく内容は要するに「行動を変える対話の基本」です。

ですので、他のさまざまな領域でも活用していただけると思っています。

第1章

危険性や有害性とその取扱い

第2節 有機溶剤の管理 ～トルエン缶のふた開けたまま

事例2

佐藤さんは、毒性のある有機溶剤「トルエン」を扱います。

ある日、複数の容器にトルエンを小分けにする作業を行う際、都度ふたを閉めることなく約10分の作業を進めていました。

付近にいた人から山田さんに「何か異臭がする」と連絡が入り、現場に駆け付けると、佐藤さんはふたを開けたまま、15m先まで工具を取りに行って戻ってきたところでした。

事例的要素		
学習課題	事　例	ついついの理由
有機溶剤の管理	トルエン缶の ふた開けたまま作業	再度汲み出すので 都度閉めるのがおっくう

事例2　有機溶剤の管理

山田

(1) （作業現場に戻ってきた防毒マスク姿の佐藤に）佐藤さん！

佐藤

山田さん、どうしましたか？ (2)

(3) （心の声：どうしましたか？ じゃないだろ、いやいやプロセス①の「関わる、関わる！」）
あ、ちゃんとマスクと手袋をしているね！<A> いや、異臭の連絡があって。

あ、これですね…（トルエンを指す）。 (4)

(5) **よく気付いたね、これこれ<A>。**まず、ふたを閉めようか。

（佐藤、ふたを閉める）。やはりヤバかったですかね。 (6)

(7) **ヤバい…と<SR>。と、いうとどんなところが？<O>**

なんか、研修で聞いたことがあるんですけど…。 (8)

---

(9) そっか、**ふたを閉めなきゃいけないっていうのは、
頭のどっかに残ってる感じ<CR>。**

でも、作業は頻繁に繰り返すし、すぐ終わるので、いいかな、と。 (10)

(11) **なるほど。その都度開け閉めは面倒…<CR>。**

そう、そうなんですよ！ (12)

(13) なるほど。一方で、**例えば、研修で、有害性とか、
危険性とか、何か記憶に残ってることは？<O>**

えっと…たしか、文書がありましたよね。 (14)

(15) **文書…<SR>。**

えっと、あの、SDS。 (16)

(17) そう！ SDSを調べればわかる！ ほな、ちょっと調べてみて。
どんなことが書いてある？<O>

（調べる）かなり危ないですね。臭いだけでなく、
神経をやられちゃうし、爆発火災も！ (18)

---

(19) そうなんよ。**臭いだけではなく身体にも悪いし、爆発などもある<S>。
今後どうしよう？<O>**

短時間でもこまめにふたします！ (20)

①関わる

付近にいた人らの通報に山田さんはきっと穏やかではなかったでしょう。しかも有害物質が入った缶のふたを開けたまま工具を取りに行っている佐藤さんに対し、顔を見るなり、怒鳴りつけたい衝動に見舞われていました。しかし、４つのプロセスの最初「①関わる」を自分に言い聞かせていましたね。

その結果、山田さんの最初の発言は「（有機溶剤の作業に必須の）**「マスクと手袋をつけているね」**(3)、**「よく気付いたね」**(5)で、和やかな空気を作っています。この時のスキルは**＜A：是認＞**ですね。

そして、話に入る前に、まずはふたを閉めて落ち着いて話ができる状態を作っています(5)。

②焦点化する

次に、「やはりヤバかったですかね」(6)と、トルエンの有害性に気付いた佐藤さんに、その重大さを説教ではなく、**「ヤバい…と」**と復唱。**＜SR：単純な聞き返し＞**をしました。続けて**「と言うとどんなところが？」**と**＜O：開かれた質問＞**を使って、事の重大さを佐藤さんに問うています(7)。

ここで話題がこの化学物質の安全な取扱いに決まり、②焦点化がなされていますね(7)。ただ、佐藤さんは「研修で聞いたことがあるけど」というあやふやな様子です(8)。

③引き出す

山田さんは佐藤さんの曖昧さを責めるのではなく**「そっか～頭のどっかに残ってる感じ」**と**＜CR：複雑な聞き返し＞**で佐藤さんの問題意識を誘発していますね(9)。

一方、佐藤さんの心の中には「すぐ終わるので、いいかな」という本音が見え隠れしており、それをキャッチした山田さんは、**「なるほど。その都度開け閉めは面倒…。」**と、**＜CR：複雑な聞き返し＞**を用いて、まずは確実にその佐藤さんの気持ちに寄り添っていますね(11)。

佐藤さんも「そうなんですよ！」と我が意を得たりと、心を開いているようです(12)。

そして③引き出す＝「変わらなきゃ」という気持ちを、「③引き出す」ために、山田さんは具体的な事態の重要度（この場合はトルエンの毒性や危険性）を、ここでも自分が説明するのではなく「佐藤さんに調べさせる」という方法をとっていますね。またそれらも**「何か記憶に残ってることは？」**と**＜O：開かれた質問＞**を使っています(13)。

佐藤さんから**「文書」**という言葉が出たのを、山田さんは逃さず**＜SR：単純な聞き返し＞**をし(15)、続けて**「どんなこと書いてある？」**と**＜O：開かれた質問＞**で尋ねます(17)。

佐藤さんは、自分でSDSを読みこむことにより、他人から一方的に説明されるよりも、理解も、そして実感も深まったかもしれませんね(18)。

これも山田さんの説教や指導ではなく、「③引き出す」営みの賜物でしょう。

④計画する

最後に、山田さんは、調べたことをもとに**＜S：要約＞**し、さらに引き続き**「今後どうしよう？」**という**＜O：開かれた質問＞**で、文字通り「④計画する」を確認しています(19)。佐藤さんは、こまめな開閉を「自己宣言」しました(20)。

このケースでも、叱責や説明よりも質問や聞き返しを重んじることが見て取れます。

補足

第2種有機溶剤という毒性の強い物質である「トルエン」を扱う作業をふたを開けたままにしていた佐藤さん。

1回の作業時間はわずかでも、トータルするとまとまった時間になり、周囲に発散。山田さんは離れた場所で作業をしていた人から異臭の通知を受けました。

さて、山田さんの指導は、4つのプロセスと4つのスキルに照らしていかがでしたでしょうか？

ワーク　自分の事例で、指導案を書いてみる

ここまでの内容を参考に、自分の事例で指導案を書いてみましょう。

所属する職場での「危険性や有害性とその取扱い」に関し、

Ⓐ 欄には、部下・後輩の指導をしなければならない問題＝望ましくない状況のあらましを
Ⓑ 欄には、当人がそうしてしまう理由を（やむを得ないものでも可）
Ⓒ 欄には、指導の案を（部下・後輩の反応、セリフは想像で書いてください）を、
4プロセスで記述してみましょう！（備考欄にプロセス①～④の記号を記入してください）

Ⓐ 問題の所在（望ましくない状況）

Ⓑ そうしてしまう理由や、対象者の特徴など

Ⓒ 指導の案

**※備考欄＝4つのプロセス：①関わる、②焦点化する（話題を決める）、③引き出す、④計画する　を記入。
特に「上から目線」でなく！**

No	発言者	セリフなど	備考

第2章

安全装置、保護具の取扱い

第1節 呼吸用保護具 ～マスクをせずアーク溶接

事例3

佐藤さんは黒岩主任から、アーク溶接機で屋内の作業台の小さな修理を依頼されました。全面型のマスクを着けるルールですが、あいにく見当たらず、佐藤さんは仕方なく遮光めがねだけでアーク溶接作業を始めました。

偶然そこを通りかかった山田さんは、作業中の佐藤さんに声をかけました。

事例的要素		
学習課題	事　例	ついついの理由
呼吸用保護具	マスクせずアーク溶接	短時間の仮付け作業

事例3　呼吸用保護具

山田

(1) （心の声：あ、あいつ！　マスクもしないで溶接しとる…いや、まずは関わる関わる…。）
あー、佐藤さん、ちょっと手を止めてくれるかな。

佐藤

あ、はい（手を止める）。(2)

(3) **一生懸命やっているね<A>。**そんな中、作業の手を止めてすまんね。
アーク溶接？

はい。黒岩主任から。作業台のここが取れかけてて。(4)

(5) **飛び込み仕事か、お疲れさま。遮光めがねはきっちりしてるね<A>。**

ええ、失明したくないですから。(6)

---

(7) （心の声：さて、どうしたもんかな。ここは質問、でいくかな…。）
うん。失明したくない<SR>。
作業を止めてもらった理由は、なんだと思う？<O>

マスク、ですか？(8)

(9) **そうそう、そうなんだよね。わかってる！<A>**

はいー。でもマスクが見当たらなくて、
しかも仮止めでちょこっとの作業だったので。(10)

---

(11) なるほど。**すぐ終わるから、さほど害はないか、と<CR>。**
ところで、アーク溶接、**最近なんか変わったことは？<O>**

たしか、ヒュームが身体に悪いので、法律も厳しくなった、とか。(12)

(13) （心の声：なんとなく、追及する感じになっているかな）**体に悪い、というと？<O>**

肺に入って、肺の病気に。なのでマスクも着けて作業を…。(14)

(15) **肺の病気…例えば、将来じん肺とか肺がんになって大変な思いをする…<CR>。**

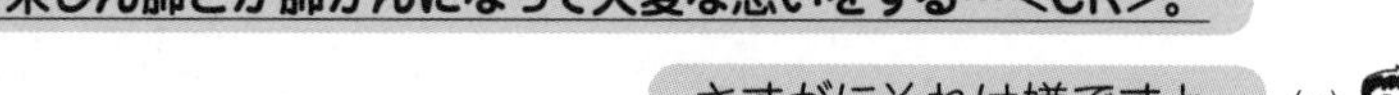

さすがにそれは嫌ですよ。(16)

---

(17) **で、今後どうしよう<O>。**

短時間でも、マスクします。でも、そのマスクがいつもなくて。(18)

(19) マスクがないか。**それ、どうしよう？<O>**

できればマスクの保管場所を整備したいんですけど。(20)

(21) **いいアイデアだね！<A>**　わかった。主任に言ってみるよ。

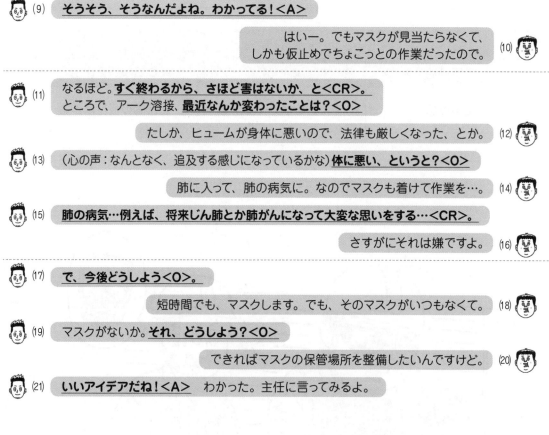

①関わる

遮光めがねだけでアーク溶接をしている佐藤さんを見て、山田さんはギョッとして、「あいつ！」と怒鳴りたくなったようですね。
しかし、山田さんはとっさに「①関わる」が頭に浮かび、穏やかに「あー、佐藤さんちょっと手を止めてくれるかな」と切り出しました(1)。
続いて**「一生懸命やっているね」**(3)とワンクッション。さらに**「飛び込み仕事か、お疲れさま」**と、まずはねぎらいの言葉を。そして**「遮光めがねはきっちりしてるね」**と認めるべきはきちんと口に出して認めています(5)。これらはいずれも**＜A：是認＞**ですね。
これも第１章事例２の有機溶剤（P.16参照）の時に通じていますね。思い付きでなく、常時まずは「①関わる」を心がける姿勢が見て取れます。

②焦点化する

次に、これまでならマスクのことを山田さんから切り出すところだったでしょうが、佐藤さんも知っていることを言われたくもなかろうと、切り出し方を検討(7)。
まずは**「失明したくない」**と**＜SR：単純な聞き返し＞**で、発言をきちんと受けとめています。そして問題行動を指摘するのではなく、**「作業を止めてもらった理由は、なんだと思う？」**と**＜O：開かれた質問＞**の形で確認していますね(7)（「②焦点化する」）。
それに対し、「マスク」と即答する佐藤さんを**「わかってる！」**と**＜A:是認＞**しています(9)。

③引き出す

そして③引き出す=「変わらなきゃ」という気持ちを強化するプロセスですが、佐藤さんの「ちょこっと」という発言に対し、**「すぐ終わるから、さほど害はないか」**と**＜CR：複雑な聞き返し＞**を使って気持ちを想像しています(11)。
また、最近の法改正について、**＜O：開かれた質問＞**の形で切り出し(11)、リスク内容も体に悪い→肺の病気→じん肺・肺がんと、より具体的な方向に**質問や聞き返し**を活用して確認していますね(13)(15)。規定の研修の受講成果を信頼したのでしょう。

④計画する

最後に山田さんは**「今後どうしよう？」**と**＜O：開かれた質問＞**を使って、今後の「④計画する」を問うていきます(16)。佐藤さんは少しの溶接でも必ずマスクを着けることを表明。
また、さらに山田さんはマスクの保管について改善するアイデアを佐藤さんから**「それ、どうしよう」**と**＜開かれた質問＞で引き出し**(18)、**「いいアイデアだね」**と**＜A：是認＞**。自分も主任に保管場所の整備を掛け合うことを、約束し合いました(20)。

補足

2021年4月より、金属アーク溶接作業等による溶接ヒュームが特定化学物質（第２類）に追加されました。じん肺だけでなく、マンガン中毒の神経機能障害などのリスクも重く見たのです。しかも、火傷などと違い、遅発性、つまり、実害は遅れて出てくるので特に注意が必要ですね。これにより作業では目の保護はもちろん、これまで以上に防じんマスクなどによる、「吸い込み」への対策を、より厳格に行うことが求められます。おそらく、これらも佐藤さんは「わかっていたこと」でしょう。山田さんはそれを説明、説教ではなくうまく引き出していきましたね。

きくことは、心を寄せるということ

本書も早くも第2章まできました。「話題は違っても同じようなパターンだな」と感じていませんか？

ハイ。既述の通り、あえて似たようなパターンで各事例は進みます。こうしたスキルはまずは繰り返した方が身に付きやすいからです。

さて、本書のスキルでは、「質問する」「聞き返す」といった、「きく」という営みが多用されています。それも、単に事実や事情を聞く、相手が言ったことをそのまま聞き返す、言ってもいない「心の奥の気持ち」を想像して聞く、などなどです。

漢字にすると「聞く」「聴く」「訊く」などと書きわけられるかもしれませんね。

ところで、自分が何かの発表をした後、質問が一つも出ず寂しい気持ちになったことはありませんか？

質問は、「あなたに関心がありますよ」という印象を与え、転じて心的距離が縮まることも多いものです。ですので、本書でも、説教や説明ではなく、徹底して「きく」ことを通じて部下・後輩の心を開き、ひいては望ましい行動につなげていきたいと考えるのです。

第2章

安全装置、保護具の取扱い

第2節 墜落制止用器具 ～使用せず高所作業

事例4

佐藤さんは、工場の壁面高所（約3m）の電球の取り換えを依頼されました。高所作業台を用意し、その上で行います。台に柵があっても墜落制止用器具を使用することがルールですが、「わずか3m」程度であること、また、1分もかからない簡単な作業なので、佐藤さんはフルハーネスを使用せずに作業をしました。

しかし、偶然通りかかった他部署の人が、その数日後社員食堂で会った山田さんにそのことを教えてくれたのでした。

事例的要素		
学習課題	事　例	ついついの理由
墜落制止用器具	使用せず高所作業	高さ3m程度で 短時間作業

事例4　墜落制止用器具

山田

(1) 佐藤さん、この前、**主任から頼まれた電球の交換をありがとう<A>。**

佐藤

いえいえ、球を換えるだけでしたから、なんてことないです。(2)

(3) **でも高所だから、作業台も持ってこなければならないし手間をとらせたね<A>。**

まあ、高所といっても、3m程度ですけどね。(4)

(5) **うん、3m<SR>**。実はせっかくやってもらって水をさすようなんだが。

何か？(6)

---

(7) 佐藤さんのその高所作業を見かけて心配してくれた人がいてね。
思い当たることは？<O>

あ、ああ…。フルハーネス、ですか。(8)

---

(9) うん。そうそう。**その時、どんな状況だったのかな？<O>**

まあ、3m程度だし、1分もかからない簡単な作業なので。(10)

(11) **つけなきゃいけないとは、わかっていたけれど、短時間で、しかもさほど危なくない高さだと思ってつい…<CR>。**

はい。作業台に柵はあっても…。(12)

(13) **あの柵があっても、バランスを崩せば落ちかねない、と<CR>。**

はい。(14)

---

(15) **今後どうしようか<O>。**

2mを超えたら、そんなに高くなくても、フルハーネスを使います。(16)

(17) うん。私もつい面倒になるけど。自分自身のためと思って。
一緒に頑張りましょう。

はい。(18)

①関わる

今回の山田さんの対応を見てみましょう。またもや他部門の人から不安全行動を指摘されて、内心穏やかではないであろう山田さんですが、最初は**「電球の交換をありがとう」**(1)、「作業台も持ってこなければ」(3)と、やはり労をねぎらっていますね。ここは**＜A：是認＞**ですね。そして、「せっかくやってもらって水をさすようなんだが」(5)と、焦点化への移行を滑らかにする工夫が見て取れます（①関わる）。ここで**「うん、3m」**と、要点の**＜SR：単純な聞き返し＞**もきっちりと織り込んでいます。

②焦点化する

そして、何が問題であったかを**「思い当たることは？」**(7)と、指摘ではなく**＜O：開かれた質問＞**で問うています（②焦点化する）。

③引き出す

さらに、**「その時、どんな状況だったのかな」**と**＜O：開いた質問＞**で事情を聴き(9)、佐藤さんの「ルールはわかっていたが短時間で、低い高度」という本音を引き出し(10)、それを**「つけなきゃいけないとは、わかっていたけれど～つい…」**と、**＜CR：複雑な聞き返し＞**で深め(11)、さらには「ルールもあり、柵も低い」(12)という発言を、**「バランスを崩せば落ちかねない」**と、その「下の句」をゆるやかに**＜CR：複雑な聞き返し＞**で補強しています(13)。これにより「③引き出す」＝「変わらなきゃ」という気持ちを強化しています。

④計画する

④今後の計画は、行為は「低くても墜落制止用器具を使う」とシンプルなものです。これも、**「今後どうしようか」**(14)と、**＜O：開かれた質問＞**によって、佐藤さんの口から出させていますね。その上で山田さんもそれだけでなく、「私もつい面倒になるけど。自分自身のためと思って。一緒に頑張りましょう」(17)と、佐藤さんへの押し付けだけにせず、対話を終えました。

補足

山田さんの佐藤さんへの4つのプロセス指導。今回はどうだったでしょう。高さ3mの作業。平屋の家屋の屋根の上、といった高さでしょうか。スタントマンなら何のためらいもなく飛び降りる高さかもしれませんね。
佐藤さんの職場では、柵があってもフルハーネスを必ず使用するルールなので、それを怠ったことが伝えられました。3mの高さから床に墜落した時の衝撃は、計算上、時速約30km/hで壁に衝突したようなエネルギーです。もちろん、ダメージは着地の仕方や体重により異なりますが、佐藤さんの様子を見た人も心配になるのは当然ですね。

ワーク　自分の事例で、指導案を書いてみる

ここまでの内容を参考に、自分の事例で指導案を書いてみましょう。

所属する職場での「安全装置・保護具の取扱い」に関し、

Ⓐ 欄には、部下・後輩の指導をしなければならない問題＝望ましくない状況のあらましを
Ⓑ 欄には、当人がそうしてしまう理由を（やむを得ないものでも可）
Ⓒ 欄には、指導の案を（部下・後輩の反応、セリフは想像で書いてください）を、
4プロセスで記述してみましょう！（備考欄にプロセス①～④の記号を記入してください）

Ⓐ 問題の所在（望ましくない状況）

Ⓑ そうしてしまう理由や、対象者の特徴など

Ⓒ 指導の案

※備考欄＝4つのプロセス: ①関わる、②焦点化する（話題を決める）、③引き出す、④計画する　を記入。
特に「上から目線」でなく！

No	発言者	セリフなど	備考

第2章

安全装置、保護具の取扱い

第3節 保護装置不使用 ～インターロックを無効に

事例5

佐藤さんは、包装機械の動作不良を修理しています。製品箱にビニールのシートを巻き付けるシンプルな機能なのですが圧は高く、一歩間違えると重大事故につながるので、身体等が機内に入ると自動停止するインターロック機能が付いています。

ところが微調整がなかなかうまくいかず、出荷時間が迫る佐藤さんはインターロックを無効にして内部の動きを見ています。そこに山田さんが通りかかりました。

事例的要素		
学習課題	事　例	ついついの理由
保護装置不使用	インターロックを無効に	作動状態見たい

事例5　保護装置不使用

山田

(1)（インターロックを無効にし修理する佐藤を見て）おっと！　ストップ！

佐藤

（機械から頭を出し）あ…はい。(2)

(3) **どうした？<O>**

いや、左のローラーのスピードが少しだけ遅いみたいで…。(4)

(5) なるほど。**正確な調整をしなければと思ったんだね<A>。**
それでインターロックを無効にして回して見ていた、と。

はい。止めて確認しても、細かい現象がわからないもので。(6)

(7) なるほど。

もちろんそれがよくないとはわかっていますよ。でも納期が…。(8)

(9) **一刻も早く修理して納期に間に合わせたい、一方で、**
危険な行為だということも、頭の片隅にはあった…<CR>。

はい。確かに、危険行為ですけど…。(10)

---

(11) **危険行為<SR>…。というと、例えばどんなことが起きると思う？<O>**

んー、巻き込まれるとか…。(12)

(13) **巻き込まれて重傷を負う…<CR>。そうすると…？<O>**

ヘタしたらしばらく操業停止ですね。(14)

(15) **操業停止…<SR>。**

1日2日の納期遅れどころではなくなる…。(16)

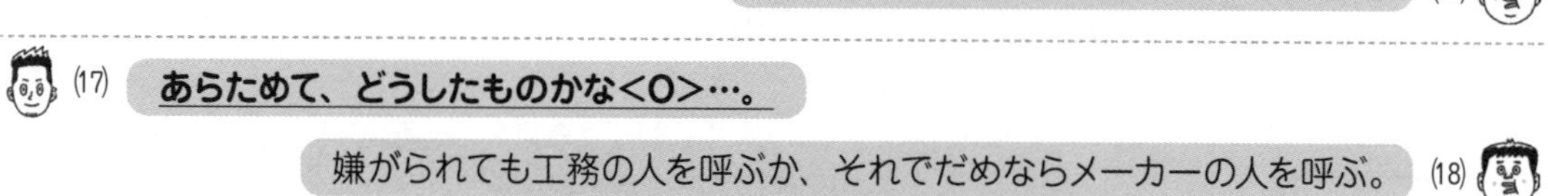

(17) **あらためて、どうしたものかな<O>…。**

嫌がられても工務の人を呼ぶか、それでだめならメーカーの人を呼ぶ。(18)

(19) うむ。私もそう思う。工務が難色示したら、私に言ってよ！
納期の遅れについては私が黒岩主任に相談するから。

わかりました。ありがとうございます。(20)

〈O〉: 開かれた質問　〈A〉: 是認　〈SR〉: 単純な聞き返し　〈CR〉: 複雑な聞き返し　〈S〉: 要約

①関わる

山田さんは、いわばこの緊急事態を目にして、叱るのではなく、「おっと！ストップ！」(1)と、まずは何をせよ（＝作業を止めろ）と冷静に指示しました。不安全行動を叱るのではなく、何かそれなりの事情があるのだろう、**「どうした？」**と**＜O：開かれた質問＞**で声を掛けました。

それから、佐藤さんの状況説明を無批判に、そして、補足するように傾聴していますね（(4)～(7)）。その中で**「正確な調整をしなければと思ったんだね」**と**＜A:是認＞**をし、丁寧に「①関わる」を進めました。

②焦点化する

そのためか、続いて佐藤さんは、「もちろんそれがよくないとはわかっていますよ。でも納期が」(8)、と、何が問題かを自ら提示していますね。それを受け、山田さんも**「一刻も早く修理して納期に間に合わせたい、一方で、危険な行為だということも、頭の片隅にはあった…」**と**＜CR：複雑な聞き返し＞**で(9)、単に不安全行動を責めるのではなく、「何が問題の本質か」を確認していますね（②焦点化する）。

③引き出す

こうした、「安全」と、「納期」といったジレンマに、どうしたらよいかを考えるのがここから先の「③引き出す」です。山田さんは、佐藤さんから出てきた「危険行為」というキーワードを**＜SR：単純な聞き返し＞**で確認、**「どんなことが起きると思う？」**と**＜O：開かれた質問＞**で再度佐藤さんに問います(11)。

佐藤さんからは、「巻き込まれ」という答えが出てきたので(12)、そこで、**「巻き込まれて重傷を負う」**と**＜CR：複雑な聞き返し＞**で受け、**「そうすると？」**と**＜O：開かれた質問＞**で掘り下げました(13)。そのキャッチボールから、「操業停止」「1日2日の納期遅れどころではなくなる」（(14)～(16)）と、佐藤さんの中でジグソーパズルのピースがはまるように、優先順位が導かれていきました。

④計画する

その気付きをもとに、山田さんは**「あらためて、どうしたものかな」**と**＜O：開かれた質問＞**で今後に向けての判断を佐藤さんに問います(17)。佐藤さんの「嫌がられても工務の人を呼ぶか、それでだめならメーカーの人を呼ぶ」(18)という発言に対し、先輩として「工務が難色示したら、私に言って」(19)と、佐藤さんの発案を支持、応援することを約束しました（④計画する）。

補足

今回は、身の安全と仕事の納期のどちらを優先するか、という悩ましい話でした。
切断や穴あけなどに限らず、今回のような包装機械でも十分に生命に関わる重大事故は起き得ます。もちろん、佐藤さんもそれを知っていてのこと。それゆえ、山田さんから呼び止められ、すぐにその理由を再確認しますね。

ワーク 自分の事例で、指導案を書いてみる

ここまでの内容を参考に、自分の事例で指導案を書いてみましょう。

所属する職場での「安全装置・保護具の取扱い」に関し、

Ⓐ 欄には、部下・後輩の指導をしなければならない問題＝望ましくない状況のあらましを
Ⓑ 欄には、当人がそうしてしまう理由を（やむを得ないものでも可）
Ⓒ 欄には、指導の案を（部下・後輩の反応、セリフは想像で書いてください）を、
4プロセスで記述してみましょう！（備考欄にプロセス①～④の記号を記入してください）

Ⓐ 問題の所在（望ましくない状況）

Ⓑ そうしてしまう理由や、対象者の特徴など

Ⓒ 指導の案

※備考欄＝4つのプロセス：①関わる、②焦点化する（話題を決める）、③引き出す、④計画する　を記入。
特に「上から目線」でなく！

No	発言者	セリフなど	備考

第3章

作業手順

第1節 ダブルチェック ～みんな忙しそうで省略

事例6

佐藤さんは、ある薬品の混合にあたり、機械の設定（各材料の量、加熱温度・時間等）をします。

本来ダブルチェックをするのですが、みんな忙しそうで、チェックにつきあってくれそうな人が見当たりません。すでに慣れていることもあり、自分1人のチェックで開始。

ところがほどなく大量のガスが立ち上り、警報装置が鳴り、みんなが駆けつける騒ぎとなりました。

緊急処置の後、山田さんが佐藤さんを呼び話します。

事例的要素		
学習課題	事　例	ついついの理由
ダブルチェック	設定値ダブルチェック 省略し過熱	みんな忙しそう

事例6　ダブルチェック

山田 (1)
（休憩室で佐藤を待つ間の心の声）
佐藤のヤツ、原料の仕様を変えたから、設定温度も変更しないと
異常反応するって、ミーティングで言っといたのに、
なんで以前の設定で作動させるのかね。
ぼーっとしてるから…まあ待て待て、「関わる」からするか。
（佐藤入室）**お疲れさま。警報装置、佐藤さん自身もびっくりしただろう<A>。**

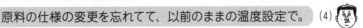

佐藤 (2) ホントにスイマセン。大ごとになってしまって。

---

(3) まあ、それより誰もケガもなく、設備損傷もなく、とにもかくにもよかった。
ところで、**ああなった理由はどのあたりにある？<O>**

(4) 原料の仕様の変更を忘れてて、以前のままの温度設定で。

(5) うむ（発言を待つ）。

---

(6) …で、本来ならほかの人と設定をダブルチェックしてから
作動スイッチを押すところを、自分1人で…。

(7) なるほど。**ダブルチェック<SR>。**

(8) はい。でも、周り見渡してもみなさん忙しそうで…それで、つい。

(9) **こんなことを頼んでも迷惑かけるから、**
慣れた作業だし、1人でやろう、と<CR>。

(10) はい、はい…その通りです。しかも、仕様が変わったことも忘れてしまって…。

(11) **仕様が変わったことを忘れていて、近くにダブルチェックを頼めそうな人も**
いなかった。一方で、ダブルチェックの重要性は理解していたと<S>。

(12) はい。

---

(13) **これからも似た状況があると思うけど、どうしよう<O>。**

(14) 今回みたいなことどころか、大災害にもつながりかねないので、
多少迷惑がられても必ずダブルチェックします。

(15) なるほど。なかなか見つからない時は、いつでも連絡して。

①関わる

警報装置まで鳴り、一時は大騒ぎを起こした佐藤さんと話す場面。
山田さんの怒りはいかばかりか、ですが、**「びっくりしただろ」**と、**＜A：是認＞**から始めていますね(1)。
おそらく佐藤さんは開口一番怒鳴りつけられると思いながら部屋に来たはずです。
山田さんはこうして、確実に「①関わる」を行っていますね。

②焦点化する

次に、話題を絞ります。お互い、原因はわかっていそうですが、あえて**「ああなった理由はどのあたりにある？」**と**＜O：開かれた質問＞**を用い佐藤さんに穏やかに冷静に確認していますね(3)。
そして佐藤さんはいきなり問題の焦点の「ダブルチェック」を切り出しません(4)、そこで山田さんは、そこに切り込むのではなく「うむ」と一言、あえて沈黙を選びました(5)。

③引き出す

するとほどなく、佐藤さん自らダブルチェックの話題が出てきました(6)。
山田さんはすかさず**「ダブルチェック」**と**＜SR：単純な聞き返し＞**をして、そこに話題を固定します(7)。
さらには、忙しそうだったのでダブルチェックできなかったと理由を述べる佐藤さんの言葉を受け、その先の「大丈夫と思った理由」の気持ちを想像し、**「こんなことを頼んでも迷惑かけるから、慣れた作業だし、1人でやろう、と」**と、**＜CR：複雑な聞き返し＞**を投げています(9)。
佐藤さんは、我が意を得たり、と言葉を続けます(10)。
山田さんはここまでを**＜S：要約＞**し、佐藤さんに良しあし抜きに確認します。しかもその要約や、望ましくないこと（忘れていた、人がいなかった）を先にし、望ましいこと（重要性は理解）を後ろにすることで、大切なことをより印象付けています(11)。

④計画する

山田さんはそういう状況はこれからもあることを前提に、今後どうするかを**＜O：開かれた質問＞**で問うていますね(13)。
その上で、佐藤さんの意思を確認し(14)、今回のように頼めそうな人が見つからない場合は自分にSOSを出してほしいと締めくくりました。
単なる説教や叱責ではなく、前向きで現実的な意思確認と方法で結べています。

補足

あわや大事故という佐藤さんのミス。

最初はカチンときていた山田さんでしたが、気を取り直して佐藤さんに臨みました。
山田さんの指導を、4つのプロセスを手掛かりに確認できましたでしょうか？

<発展学習> 大事にしたい精神　その1

協　働

p.8（表1）でごく簡単に触れたように、「MI（動機づけ面接）」では、大切にしている4つの精神があります。

その1つ目が「協働」です。

例えば山田さんー佐藤さん。組織上2人は上下関係にあります。

ここでMIでは、

山田さんを「仕事や安全の専門家」、

佐藤さんを「佐藤さん自身のことを誰よりも知る専門家」

と見立てます。

そしてこの2人の専門家が、対等の立場で協力して問題（本書では「わかっちゃいるけどついつい」）の解決にあたると考えます。

そのために対話では、相手に自分のことを安心・安全に話してもらうことが必須になります。事例1の解説でも触れたように、山田さんは、叱責や指示よりも、努めて上から目線にならないように話していましたね。

これにより、佐藤さんも心を開き、自分の本音を話せましたし、山田さんの言葉も受け止められたようです。

これが「協働」の具体的な現れの一つです。

こうした、一見遠回りでも丁寧な対話が、最終的に「わかっちゃいるけど、ついつい」を改善していくことにつながると考えます。

第3章

作業手順

第2節 一時停止と指差呼称 ～省略して横断

事例7

構内の見通しのよくない通路でのこと。昼休みに入り、混みだす前に社員食堂に行こうと、佐藤さんはチラと左右は見たものの、ルールとなっている一時停止と指差呼称をせずに、ダッシュで横断歩道を渡りました。

そこへ、トラックがさしかかり、佐藤さんを発見して急ブレーキ。佐藤さんはランチに行くのに夢中でそれにも気が付きません。

運転課から黒岩主任を通じて山田さんに指導依頼が来てしまいました。

事例的要素		
学習課題	事　例	ついついの理由
一時停止と指差呼称	省略して通行	食堂へ急ぐ

事例7　一時停止と指差呼称

山田

(1) （また佐藤か、やらかしやがって。ちょいと深呼吸してから話すか…）
佐藤さん！

佐藤

あ、はい、またなんかやらかしてしまいましたでしょうか…。(2)

(3) まあまあ、そう身構えないで。**今日はどんな感じ？<O>**

いやあ、社食のBランチが大好物のチキン南蛮で、それが嬉しくて。(4)

(5) 昼食が待ちきれなくって、**社食まで飛んで行きたいって気分だった<CR>**。

はい。あのタルタルソースが絶品で、
ダッシュで行かないとすぐなくなっちゃうんですよ。(6)

---

(7) タルタルソースね。その社食へのダッシュだけど、
中央通路渡る時、**何か危ないことは？<O>**

いやああ、タルタルで頭がいっぱいで、特には…。(8) 

(9) なるほど…**タルタル…<SR>。**
実は、厚生棟の前の交差点で、佐藤さんがダッシュして横断したので、
運送会社の田中さんが急ブレーキ踏んでしまったそうなんだよ。
「危なかった！」と連絡もらってね。

うわあ、まったく気付きませんでした。
横断歩道は選んだんですけど。スンマセン！(10) 

---

(11) 田中さんも徐行してたからよかったんだが。
横断歩道を渡る時のルール、なんだっけか？<O>

あ、はい。一時停止と、指差呼称の確認、です。(12) 

(13) **ルールはしっかり頭に入ってるね<A>。**それは、休憩時間でも一緒。

左右、チラ見はしたつもりなんですが…。(14) 

(15) **チラ見はした、と<SR>。**

でも見落としたんですよね。(16) 

---

(17) **ランチダッシュで急いでいて、ヒヤリ・ハットを起こした。**
一方で、交差点が危険なことは理解していて横断歩道を選んで、
一時停止のルールも頭の片隅にはあった感じ<S>。
さて、これからどうしよう<O>。

はい。これからきっちり一時停止、指差呼称を徹底します。(18) 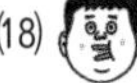

(19) はい。お願いします！

①関わる

今回も頭の痛い佐藤さんの行動ですが、山田さん、「やらかしやがって」と頭に血が上る自分に一生懸命深呼吸して、落ち着きを取り戻そうとしていますね(1)。
佐藤さんは何かを察したのか自ら「またやらかしましたか」と戦々恐々としながら現れました(2)。
そんな相手に高圧的にアプローチしても、その場は恐縮するばかりで、なかなか入っていかないこともよくあるものです。山田さんは「まあまあ」**「今日はどんな感じ？」**と**＜O：開かれた質問〉**でリラックスを促します(3)。
すると佐藤さんから昼休みの話が(4)。しかし、山田さんは飛び出しのことにはまだ触れず、**「社食まで飛んで行きたいって気分だった」**と**＜CR：複雑な聞き返し＞**で、タルタルソースの話にしばし追従し関わっていきます(5)。

②焦点化する

こうした関係ができたところで、本題に入っていく山田さんですが、ここでも頭ごなしに叱責するのではなく、**「何か危ないことは？」**と**＜O：開かれた質問＞**で切り出しました(7)。
ここでも堰を切ったように説教をはじめるのではなく**「タルタル」**と**＜SR：単純な聞き返し＞**をしながら話を本題に進めていきます(9)。

③引き出す

間一髪ということも後押しして、構内のルールの存在を**「なんだっけか？」**と**＜O：開かれた質問＞**で確認していますね(11)。
そして**「ルールはしっかり頭に入ってるね。」**と**＜A：是認＞**した上で、それは休憩時間中でも一緒(13)と補足しました。
左右をチラ見して横断したという佐藤さんですが、山田さんはそれをたしなめるのではなく**「チラ見はした、と」**と**＜SR：単純な聞き返し＞**で佐藤さんの主張を受け止めています(15)。
これにより、佐藤さんは「でも見落とした」と自分の内省が深まったのかもしれません(16)。

④計画する

ここでも、山田さんは、「すべきこと」を、指示するのではなく、丁寧に**＜S：要約＞**した上で**「これからどうしよう」**と**＜O：開かれた質問＞**の形でアプローチしていますね(17)。
佐藤さんもそれを受けて自ら「一時停止、指差呼称を徹底します」と誓っています(18)。
本人が自分で言葉に出して言うことによる動機づけです。

補足

正しい手順が必要なのは、純粋な業務のみではありません。構内では、休憩時間であっても、その手順・ルールは順守しなければなりませんね。そもそも佐藤さんがひかれてしまうようなことがあっては大変。
さて、昼休みに入って社員食堂をめがけてダッシュする佐藤さんが、思わぬ事故にあう寸前でした。この事例に対し、山田さんは、4つのプロセスと4つのスキルをどう活かしていましたか？

ワーク　自分の事例で、指導案を書いてみる

ここまでの内容を参考に、自分の事例で指導案を書いてみましょう。

所属する職場での「作業手順」に関し、

Ⓐ 欄には、部下・後輩の指導をしなければならない問題＝望ましくない状況のあらましを
Ⓑ 欄には、当人がそうしてしまう理由を（やむを得ないものでも可）
Ⓒ 欄には、指導の案を（部下・後輩の反応、セリフは想像で書いてください）を、
４プロセスで記述してみましょう！（備考欄にプロセス①～④の記号を記入してください）

Ⓐ 問題の所在（望ましくない状況）

Ⓑ そうしてしまう理由や、対象者の特徴など

Ⓒ 指導の案

※備考欄＝４つのプロセス：①関わる、②焦点化する（話題を決める）、③引き出す、④計画する　を記入。特に「上から目線」でなく！

No	発言者	セリフなど	備考

第4章

作業開始時

第1節　未点検　～新品だからそのまま使用

事例8

佐藤さんの仕事の一つに、クレーンによる重量物の移動があります。もちろん、会社からの指示でその取扱いの資格は取得済み。その中で、玉掛け作業の開始時には必ずワイヤーの点検をすることを学びました。しかし、今日の佐藤さんは、使用するワイヤーが新品だからと、その点検を怠ってしまったようです。

事例的要素		
学習課題	事　例	ついついの理由
未点検	新品ワイヤー未点検で中が切れていた	買ったばかり

事例8　未点検

山田 (1) （佐藤がクレーンの下で、新たなワイヤーのラベルをはずして
そのままつり荷に掛けようとしており、そこを通りかかった山田が見つけ、
声をかける）おっとっと！

はい？　あ、山田さん、おはようございます。何かありました？ (2) 佐藤

(3) （何かじゃないだろ、お前今、何しようとした！…は、６秒おいて…）
佐藤さん、クレーンかい？　お疲れさま<A>。

はい。何か？ (4)

---

(5) このワイヤーだけど…。

はい？　つり荷は1.7tなので、ちゃんと規定のワイヤーを使いますけど…。 (6)

(7) うん。この積み荷のこのつり上げにこのワイヤー。
さすが、研修の内容、頭に入ってるね<A>。

ありがとうございます。で、おっとっと、って、何か…。 (8)

(9) 正しいワイヤーを選んで、つり荷に掛ける作業の前に、
することなんだっけ<O>。

えっと、ワイヤーの目視点検、ですか？ (10)

(11) そうそう。**点検！<SR>、**わかってるわかってる。でもいま…。

ああ、新品なので、傷なんかないかと。 (12)

(13) なるほど。**ちゃんと規格もパスした製品だから、大丈夫、だと<CR>。**

はい。なので。 (14)

(15) なるほど。ところでこのワイヤー、会社の検品からここまでで、
傷がついた可能性は全くないと…<CR>。

それは、全くないとは言えませんけど…。 (16)

---

(17) 例えば、**全くないとは言えない…<SR>。**
0.1%だとするとどうかな<O>。

1,000回に1回は、破断して大事故になるかもしれない…。 (18)

---

(19) うん。**大事故に<SR>。**さてさて、**どうしよう<O>。**

新品でもなんでも、必ず作業前に点検します。 (20)

(21) はい。ワイヤーに限らず、お願いしますね！

①関わる

クレーンによる重量物のつり上げや移動は、仕事の中でも、特に危険を伴う作業ですね。
そのためには思込みなどは厳禁で、常に基本動作の順守が求められます。
しかし佐藤さん、玉掛け作業前のワイヤーの点検という基本中の基本を怠ってしまいました。
それを発見した山田さん。怒り心頭で、佐藤さんを怒鳴りつけようと思いましたが(1)、「6秒待つと怒りはかなりおさまる」と聞いたので、今回はそれを実行してみました。
そして、まずは**「お疲れさま」**と**＜A：是認＞**から「①関わる」を始めています(3)。

②焦点化する

山田さんから「おっとっと！」と声をかけられた佐藤さんですが、何が起きたのかわかっていないような感じです(2)。
しかも、研修で習った規格通りのワイヤーを選択しているのにと、どこか不満げですね(6)。
それを受け山田さんは**「さすが、研修の内容、頭に入っているね」**とまずは**＜A：是認＞**で認めています(7)。
そして、佐藤さんがここで重要な「点検」をスキップしてしまったという話題を、山田さんは「指摘」するのではなく、**「することなんだっけ」**と**＜O：開かれた質問＞**で切り出していますね(9)。

以降、「新品だからいいのではないか」という佐藤さんの気持ちに対して、決して高圧的になることなく、丁寧に、**＜O：開かれた質問＞＜SR/CR：聞き返し＞**で気付きを促しています(7)〜(13)。
さらには、新品でも点検が必要な、合理的な理由を、これも説明ではなく、**「傷がついた可能性は全くないと…？」＜CR：複雑な聞き返し＞**で強めに確認していますね(15)。

③引き出す

「新品でも必ず点検する」という一般原則を、さらに定着させるために、**「全くないとは言えない…」＜SR：単純な聞き返し＞、「例えば0.1%だとするとどうかな」＜O：開かれた質問＞**で言葉を引き出していますね(17)。

④計画する

そして、ここまでで認識と意欲を引き出した山田さんは、ここでも佐藤さんが発したキーワード**「大事故に」**と**＜SR：単純な聞き返し＞**をし(19)、その上で**「どうしよう」**と**＜O：開かれた質問＞**をし、「新品でも必ず点検する」と具体的な行動を引き出しています(19)。

補足

事故は、たいてい「そんな馬鹿な」という状況で起こるものです。
今回のように、「新品だから傷があるはずがない」といった「思い込み」のため、思わぬ惨事につながることは、むしろ事故の定番ですね。どんな時にも基本動作を怠ることのないようにするのは安全衛生教育の基本中の基本です。
この習慣化やルールの順守という厄介な教育を、山田さんが4つのプロセスと4つのスキルをどう活かしていましたか？

山田さんの努力、佐藤さんの反応

さて、ここまで注意されてばかりの佐藤さん。

どのケースも、まさに

「わかっちゃいるけど、ついついやってしまう」

「わかっちゃいるけど、ついつい怠ってしまう」

ばかりでした。

この種の「わかっちゃいる」人に、情報や理屈を与えても、本人にとっては単なる正論・説教で終わってしまいがちです。

そこで、山田さんは、黒岩主任から教わった二つのワザ、「4つのプロセス」「4つのスキル」の活用を試みます。

山田さんは自分の感情に任せて怒りをぶつけるのではなく、まずはプロセス①の「関わる」に腐心していましたね。

そして、叱責や説明を極力抑えて、「開かれた質問」「是認」「単純＆複雑な聞き返し」「要約」を適宜繰り出し、佐藤さんに「今後の計画」を述べさせていました。

一方、佐藤さんはどうでしょう。

山田さんの「歯を食いしばるような」努力と工夫により、毎回、穏やかな気持ちで対話を進めることができているようです。

しかし、毎回毎回、似たようなミスを繰り返していますね。

これは教育効果がないのでしょうか？

こうした心がけや態度に関する教育を「情意教育」と呼びます。情意教育は、知識や運動能力に比べ、なかなか一朝一夕に効果が表れないこともあります。

しかし、山田さんの佐藤さんに対する日々の心豊かな接し方は、きっと佐藤さんの中で蓄積されていき、やがて結実することでしょう。

さてみなさんの指導案はどうでしょうか。うまく書けないと思ってもいろいろな場面で考えてみましょう。そしてみなさんも実務の中で、部下・後輩の態度・行動がなかなか変化しなくても、焦らずじっくりと続けてみてください。

きっと思わぬ形で芽を吹き出してくることと思います。

第4章

作業開始時

第2節 チェックリスト始業点検 ～まとめて記入

事例9

山田さんのところに、工務課の鈴木さんから内線電話がかかってきました。構内で佐藤さんが運転するフォークリフトの後ろを走行していたところ、突然ブレーキランプもつかずに急ブレーキがかかり、危うく追突しそうになったとのこと。

文句を言おうと思ったら、そのまま走り去ってしまったとカンカンです。

事例的要素		
学習課題	事　例	ついついの理由
チェックリスト（始業点検）	まとめて記入	リストが古い

事例9　チェックリスト（始業点検）

山田 (1) （鈴木からの苦情の電話を切り）、佐藤〜、今度は整備不良か…。
（近くを歩いている佐藤を見つけ、）おーい、佐藤さん！　ちょっといいかなァ。

佐藤 (2) はいー。何か…。

(3) 今日、朝イチからフォークリフトの担当だったよね。**お疲れさま<A>。**

(4) はいー。ありがとうございます。

(5) ところで、**何か気付いたことは？<O>**

(6) いやあ、特には…なんかまたやらかしましたか？　俺。

(7) なるほど。**心当たりはない、と<CR>。急ブレーキとかは？<O>**

(8) あ、1回、アルバイト君が飛び出してきそうになったので。
急ブレーキ踏みましたが…。

(9) うむ。その時、後を走っていた工務の鈴木さんが、
あやうく追突しそうになったんだよ。
ブレーキランプがつかなかったんだって。
始業点検の時、ブレーキランプ**どうだった？<O>**
点検表にはOKがついているけど…。

(10) う…。そ、それが…。ランプの確認、1人ではできなくて…

(11) **みんな忙しそうで、手伝ってもらえそうな人がいなかった<CR>。**

(12) はい。そうなんです。それと…今の点検表、前のフォークのままなんですよね。
だからちょっと現物とあわなくて…。

(13) **確認しなくて、チェックだけして提出しちゃう<CR>。**

(14) ええ。まさに。特にトラブルないし。
自分の車でも始業点検なんてしたことないし。

(15) なるほど。**しなくても実害はない、と<SR>。**
一方で今日は実害があった<CR>。

(16) はい。故障以外のところで、影響が…。

(17) **協力者がつかまらないし、点検表も古いのでしてこなかったが、**
これまでは実害はなかった。一方で、今日は実害が出てしまった<S>。
さて、**次の一手は？<O>**

(18) あの、点検表の改訂とミラーの設置をお願いします。
それと、必ずや、点検します。

(19) **いいねー！　しっかり改善点が出てきたね<A>。**
他にも手伝えることがあったら言ってください！

(20) ありがとうございます。

①関わる

他部門から佐藤さんの整備不良の苦情を言われた山田さん。苦々しい顔が浮かびます。
しかし、クールダウンして、**「お疲れさま」<A：是認>**と、朝からの仕事をねぎらう声かけから始めていますね(3)。

②焦点化する

工務の鈴木さんからの苦情で、問題が何かはわかっている山田さんですが、あえて**「何か気付いたことは？」**と、**<O：開かれた質問>**の形で問題の認識を確認しています(5)。
そして、気付いてないことを**「心当たりはない、」**と**<CR：複雑な聞き返し>**と聞き返しの形で確認し(7)、**「急ブレーキは？」**と**<O：開かれた質問>**を用いて少しヒントを出す形でさらに質問を重ねました(7)。
そして、鈴木さんの訴えを伝え、急ブレーキそのものよりも、ブレーキランプの点検に話題を絞っていますね。
ここでも、不具合を指摘するのではなく、**「どうだった？」<O：開かれた質問>**で話を進めています(9)。

③引き出す

問題の所在が明らかになった後も、それを叱責したり、「●●せよ」と命令するのではなく、**「みんな忙しそうで、手伝ってもらえそうな人がいなかった」<CR：複雑な聞き返し>**と佐藤さんの弁明のその先を共感的に想像するようにしています(11)。
こうして、相手の言葉のその先を想像しながら関係を築いていくのも特長ですね。
それによって、佐藤さんも「現在の点検表が実態にあっていない」と、問題点を指摘してくれています(12)。山田さんはそれを受けて、批判するのではなく、**「確認しなくて、チェックだけして提出しちゃう」<CR：複雑な聞き返し>**と、点検をしなかった佐藤さんなりの理由を想像し、告げています(13)(15)。
そして、佐藤さんの中で点検をしなかったさまざまな理由がありながらも、鈴木さんに影響が出たことに向き合い始め、改善のスイッチが入ったように読めます(16)。

④計画する

改善の方向性が合意され、山田さんは丁寧にここまでを**<S：要約>**し(17)、さらには**「次の一手は？」<O：開かれた質問>**と、山田君に今後の実施計画を求めています(17)。
そればかりではなく、「いいねー！　**しっかり改善点が出てきたね！」**と**<A：是認>**し、ここでも「他にも手伝えることがあったら言ってください！」(19)、という言葉で締めくくられています。

補足

始業前点検。さかのぼれば自動車教習所で習った人も多いでしょう。
しかし、佐藤さんも言っているように、少なくとも私生活ではほとんどやったことがなく、その結果何か大きな不都合が起きたこともない方が大半かもしれません。
しかし、多くの仕事では、私生活とは比較にならないほどさまざまな機器・作業が複雑に絡み合っているもの。始業点検も重要な業務の一つと心得たいものです。

ワーク　自分の事例で、指導案を書いてみる

ここまでの内容を参考に、自分の事例で指導案を書いてみましょう。

所属する職場での「作業開始時」に関し、

Ⓐ 欄には、部下・後輩の指導をしなければならない問題＝望ましくない状況のあらましを
Ⓑ 欄には、当人がそうしてしまう理由を（やむを得ないものでも可）
Ⓒ 欄には、指導の案を（部下・後輩の反応、セリフは想像で書いてください）を、
4プロセスで記述してみましょう！（備考欄にプロセス①～④の記号を記入してください）

Ⓐ 問題の所在（望ましくない状況）

Ⓑ そうしてしまう理由や、対象者の特徴など

Ⓒ 指導の案

※備考欄＝4つのプロセス：①関わる、②焦点化する（話題を決める）、③引き出す、④計画する　を記入。特に「上から目線」でなく！

No	発言者	セリフなど	備考

第5章

疾病の原因・予防

第1節 作業環境 ～局所排気装置を使わず

事例10

グラインダーでジグを削る佐藤さん。

粉じんが出ているけれど、どうやら局所排気装置のない作業台で行っているようです。

通りかかった山田さんがそれに気付き、つい声を荒らげてしまいました。

事例的要素		
学習課題	事　例	ついついの理由
作業環境	局所排気装置を使わず	これまで異常なし

事例10　作業環境

佐藤
(1)（局所排気装置（局排）のない作業台で、佐藤が金属のジグを削っており粉じんが舞っている）

山田
(2)（佐藤を遠目で見る。（心の声「おや？　粉じんが舞っているけど、あそこは局排なかったんじゃないか？
昨日今日入社したわけじゃあるまいし。じん肺になるぞ」））
（語気荒く）おーい！　佐藤！！

（びくっとする佐藤さん）は、はい！(3) 

(4)（心の声：いかんいかん、まだ反射的に声を荒らげてしまうな。一回深呼吸して、と）お、ジグの調整かい？　**頼もしいね<A>。**

はいー。新しいマシン置くのに、数ミリ高くて、削ってました。(5) 

(6)**おおお、お疲れさま。滑らかに削れてるね<A>。**ところで、この粉じんは…。

あ、金属なんで、どうしても削り粉が…。(7) 

(8)なるほど。この種の粉じんが出るときには**どうするんだっけか？<O>**

いや、その、局所排気装置、引いて…。その、局排のある作業台がちょっと遠くて…。(9) 

(10)**なので、わかってはいるものの、ここでやってしまった<CR>。**

はい。つい。しかもあそこ、いつも混んでるので…。(11) 

(12)**わざわざ行っても空いてるかわからないし…<CR>。**

はい、はい。この前もそうだったんです。(13) 

(14)**この前もわざわざ重たいもの持って行っても使用中でくたびれもうけ、だった<CR>。**

そうなんです！　そうなんです！(15) 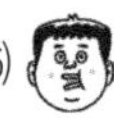

---

(16)この種の粉じん、チリも積もればで、**長年吸い込むとどうなるんだっけか？<O>**

えっと、じん肺に…。(17) 

(18)うん。**誰がなりそう？<O>**

この職場の人全員…。(19) 

---

(20)そうそう、つまり、佐藤さんだけでなく。**で、どうしようか<O>。**

その辺で粉じん作業はしないで、必ず局排のある台でやるようにします。あと、使用中のランプをつけて遠くからでもわかるようにしてもらってもいいですか。(21)

(22)いいね！　ランプの件は、保全課にも了解とっておくよ。

①関わる

粉じんの吸入は、その場ではすぐに症状は出ないかわりに、長い時間の中で重大な健康被害を及ぼします。それを熟知している山田さんは、佐藤さんの局排の作業台での作業にビックリ。思わず声を荒らげてしまいますが、すぐにそれに気付きます。これも、黒岩主任からの教えを実践しつづけてきた成果の一つですね。
山田さんは気を取り直して、ジグの調整をする佐藤さんに、努めて冷静に**「頼もしいね」＜A：是認＞**と語りかけはじめます⑷。

今やっている作業への取組みもきちんと観察し**「滑らかに削れてるね」＜A：是認＞**と具体的に評価することにより、より関わりを深めていますね⑹。

②焦点化する

金属を削ると、粉じんが出る。そしてそれは体内に入ると有害なので局排のあるところで作業を行わなければいけない。
山田さんは、それを佐藤さんが知っていることを把握していたのでしょう。
そこで「教える」のではなく、**「どうするんだっけか？」＜O：開かれた質問＞**と、切り出しています⑻。
さらには、叱るのではなく、**＜CR：複雑な聞き返し＞**を多用して、佐藤さんの心の中を想像し、共感に努めています⑽⑿⒁。
⑽では、**「わかってはいるものの、（遠いので）ここでやってしまった」**という佐藤さんの心の中を察し佐藤さんの立場に立っています。⑿では、同じ職場で働き局排についての困りごとをわかっている山田さんは、**「わざわざ行っても空いてるかわからないし」**と実体を用い、佐藤さんの心の中をより丁寧に想像していますね。さらには**「この前もわざわざ重たいもの持って行っても使用中でくたびれもうけ、だった」**と、いずれも**＜CR：複雑な聞き返し＞**で佐藤さんの心中を推し量り、共感に努めていることが見て取れます。
こうして、不安全・不衛生行為を見つけたら指摘して叱る、のでなく、相手がなぜそうしたのかということを「聴ききる」「賛成はせずとも共感はする」というプロセスを丁寧にたどることにより、今後の行動に対する動機付けが期待できます。

③引き出す

やむを得ない理由を十分に理解しあいながらも、現状ではよくありません。
そこで、**「長年吸い込むとどうなるんだっけか？」「誰がなりそう？」**と、**＜O：開かれた質問＞**により掘り下げ、影響の大きさや今後行動への思考につなげていますね⒃⒅。

④計画する

そして最後に、具体的な行動を佐藤さんに考えさせ、**「で、どうしようか」**と**＜O：開かれた質問＞**で言わせていますね⒇。
こうして自分で宣言をして動機づけを強めることはこのケースでも見て取れます。

補足

労働衛生の5管理の中で、着手すべき筆頭は作業環境の管理と言われていますね。保護具より何より、まずはばく露しないよう源流管理を、というわけです。
一方で、作業環境管理は、設備などを伴うことが多く、概して「大がかり」「面倒」なことになりがちです。今回のケースもその一つ。
でも、自分のみならずそこで働く人全員のために根本対策に努めたいものです。

<発展学習> 大事にしたい精神　その2

受　容

P.8（表1）でごく簡単に触れたように、ＭＩが大事にする4つの精神の2つ目が「受容」です。

聴き手の賛否を一旦脇に置き、まずは相手に「自由に話させる」ことを心がけます。

これはP.16の事例2で例を挙げると、

＊「あなたと理解し合いたいのであなたに関心がある」

（例：ヤバい…って、どんなところが？(7)）

＊「強みや長所を見つけ言葉で返す」

（例：ちゃんとマスクしているね！(3)）

＊「相手の考えはそれとして認める」

（例：なるほど。その都度開け閉めは面倒だと(11)）

＊「相手の自律性を尊重する」

（例：今後、どうしよう(19)）

などがあります。この短いやり取りでも、山田さんは、何度も「受容」の言葉を発していますね。

またこうしたことも、動機づけ、つまり誰も見ていないところでも望ましい行動をすることにつながることでしょう。

第5章

疾病の原因・予防

第2節 定期健康診断 ～若いからと受診せず

事例11

定期健康診断の受診は、病気の予防や早期発見という従業員のためになるものであり、会社としては社員の健康管理の観点から社員に受診させるのが義務でもあります。しかし、佐藤さんは受けていなかったみたいですよ。

事例的要素		
学習課題	事　例	ついついの理由
定期健康診断	受診せず	若いから大丈夫と油断

事例11　定期健康診断

山田

(1) 人事から、メールってなんだろう？　うわ、佐藤さんの健康診断の督促か。「仕事の調整をしてあげてください」って、まるで俺が調整しないみたいに聞こえるじゃないか。昼休みにでも水向けるか。

(2) （食堂でラーメンライスを食べる佐藤を見つけ、心の声：「うわラーメンライスか！身体によくなさそうだな、さてどうするかな」）おお、えらい食欲だね。

佐藤

はいー。朝飯も抜きだったんで。(3)

(4) そっか。早番だと朝も早いから、**朝食とるのもなかなか、大変だよね<A>。**
ところで人事から健康診断の案内が来てたよ。
明日が期限だけど、どうなってる？<O>

いやあ。あれ昔から嫌なんですよね。(5)

(6) **採血で注射とかされるし…<CR>。**

そうそう。あと、前日も何時以降は食べるな、とか。(7)

(8) **飲みにも行けない…<CR>。**

そうなんですよ。昨夜も地元の飲み会で。
でもまだ若いから、受けなくても大丈夫っすよ。(9)

---

(10) 立ち入った話だけど、**これまでの健康診断はどうだった？<O>**

ご覧の通り、太りすぎだって。(11)

(12) **太りすぎ…<SR>。**

なんとか100kgは超えないようにと思っているんだけど、なかなか。(13)

(14) **100kgは超えたくない<SR>。**（ラーメンライスを見つめる）

はい。あ、それでラーメンライスも、あれっすよね。(15)

(16) 私から見て、ちょっと気になることがあるんだけど、いいかな？

何ですか？(17)

(18) 私の知り合いにも、若いのに糖尿病で苦労している人がいてね。

糖尿病！　それはまずいっすよね。(19)

---

(20) **どうしたらいいと思う？**

とりあえず、健康診断受けてみます。(21)

①関わる

業務上の安全衛生のみならず、部下・後輩の健康管理も、重要な仕事の一つです。
特に生活習慣病などは、業務以外が原因のいわば私傷病ですので、「個人の自由と自己責任」ではあります。
しかし、それが悪化して作業中に意識を失ったり、入院や定期的な通院などになったら、業務上も大きなダメージとなりますから、単に個人の問題とも言い切れません。
大事に至らぬよう、若いうちからしっかりした健康管理と、職場ぐるみの関わりが重要です。
山田さんは、ラーメンライスという佐藤さんの少々栄養バランスが心配なメニューを目にしつつも、**「朝食とるのもなかなか、大変だよね」**と**＜A：是認＞**しながら、健診受診をアプローチをしています⑷。

②焦点化する

さて、そこで**「明日が期限だけど、どうなってる？」**と**＜O：開かれた質問＞**で健診の話を持ち出した山田さん。
嫌がる気持ちをからかったりせず、**「採血で注射とかされるし…」**と、**＜CR：複雑な聞き返し＞**、佐藤さんの言葉の先を想像し、心を寄せています⑹。
また、健康診断そのもののみならず、**「飲みにも行けない…」**と、ここでも**＜CR：複雑な聞き返し＞**で前日の制限なども想像していますね⑻。

③引き出す

そういった助走を経て、山田さんは少し突っ込んだ話を切り出します。
これはプライベートでデリケートな質問なので、関係性や聞き方には要注意です。
山田さんは、具体的な数値を聞くのではなく、**「これまでの健康診断はどうだった？」**と、**＜O：開かれた質問＞**で少し広めの質問をし⑽、あとは佐藤さんの答えを**「太りすぎ…」「100kg、超えたくない」**と、佐藤さんの言葉を反芻し、かみしめるように**＜SR：単純な聞き返し＞**に徹しました⑿⒁。
そして、山田さんは、すぐにも役立つ情報提供をするのではなく、まず、「いいかな」と佐藤さんに許可を得ています⒃。これにより、佐藤さんもそれを聞く準備ができますね⒄。

④計画する

ここでも、「健康診断へ行け」という指示ではなく、**「どうしたらいいと思う？」**と**＜O：開かれた質問＞**を用いて、佐藤さんに方法を考えさせています。ここまでを丁寧に進めたからでしょうか、山田さんが健康診断を勧める言葉を待たず、佐藤さんは自ら健康診断にいくことを自ら申し出ました(21)。

補足

定期健康診断は、特に若い方には単なるおっくうなことかもしれません。しかし、例えばがんなどは若い人ほど進行が速かったり、メタボは長い年月をかけて積み重なるようにダメージを与えます。欠勤・休職といった業務上の影響はもとより、本人自身のため、家族のために、そして将来の家族のためにもと、受診を推奨していきましょう。

ワーク 自分の事例で、指導案を書いてみる

ここまでの内容を参考に、自分の事例で指導案を書いてみましょう。

所属する職場での「疾病の原因・予防」に関し、

Ⓐ 欄には、部下・後輩の指導をしなければならない問題＝望ましくない状況のあらましを
Ⓑ 欄には、当人がそうしてしまう理由を（やむを得ないものでも可）
Ⓒ 欄には、指導の案を（部下・後輩の反応、セリフは想像で書いてください）を、
4プロセスで記述してみましょう！（備考欄にプロセス①～④の記号を記入してください）

Ⓐ 問題の所在（望ましくない状況）

Ⓑ そうしてしまう理由や、対象者の特徴など

Ⓒ 指導の案

**※備考欄＝4つのプロセス: ①関わる、②焦点化する（話題を決める）、③引き出す、④計画する　を記入。
特に「上から目線」でなく！**

No	発言者	セリフなど	備考

第6章

整理整頓

第1節 危険な収納 ～ロッカーの上に重量物

事例12

多くの職場で、ロッカーの上は、格好の物置になりがちですが、場合によっては大変なリスクですね。

今回は整理ベタを自認する山田さんが、自分のロッカーの上に重たいバッテリーを載せていますよ。それを黒岩主任が指摘。

地震がきて、頭の上に落ちてきたら大変なことになりそうです。

事例的要素		
学習課題	事　例	ついついの理由
危険な収納	ロッカーの上に重量物	収納スペースが足りない

事例12　危険な収納

黒岩

(1) (更衣室。山田のロッカーの上にバッテリーが載っている。
しかもロッカーの天板から少しはみ出している)
うわ、これ、落ちてきたら大ごとだぞ、誰のだ！？
山田さんか…どうしたものかな…。

山田

(更衣室に入ってくる) (2)

(3) 山田さん、**今日もお疲れさま。例の納品、大変だったね。助かったよ<A>。**

お疲れさまでした。間に合ってよかったです。 (4)

---

(5) ああ。ありがとう。ところで、
そのロッカーの上のバッテリーなんだけど…。

あ、はい。さっきやっと届いて、明日交換するんですけど、
現場においておくと、誰かが間違って持って行っちゃうことがあるんで。 (6)

(7) **なるほど。似たようなの、いっぱいあるしね。それでここへ<CR>。**

はい。しかも私のロッカーの中、満杯で入らず…。 (8)

(9) **それでロッカーの中でなく、上へ<SR>。**

はい。毎年大掃除には整理するんですけど、
整理ベタでいつの間にか満杯なんすよね。 (10)

---

(11) いや、整理ベタは私も一緒だよ。
ところで、**これ、重さどのくらいあると思う？<O>**

20kgくらいっすかね。 (12)

(13) うん、そんなもんかな。**どうかな。それをそこに置く危険評価は？<O>**

そうか…。かなりやばいすね。 (14)

(15) **かなりやばい…<SR>。と言うと？<O>**

頭の上とか足の上とかに落ちてきたら、えらいことに。 (16)

(17) **例えばどんな時に？<O>**

地震とか。 (18)

---

(19) **地震で落下の危険性がある<SR>。**
さあ、どうしようか<O>。

はい、間違いないように札でもつけて、あるべきところに置くようにします。
それと、これを機に、ロッカーの整理も…。 (20)

①関わる

ロッカーの上といえば概ね2m。そんなところから頭や足の上にバッテリーが落ちてきたらひとたまりもありません。しかも端が少しはみ出ています。
場合によっては命にも関わりますね。
そんなトンデモない状況にあってもさすがの黒岩主任。決して怒鳴りつけることなどなく、1日の労をねぎらい**＜A：是認＞**、関係の質を高めていますね(3)。

②焦点化する

そしてバッテリーの話へ。**「なるほど。似たようなの、いっぱいあるしね。それでここへ。」**と、まずは**＜CR：複雑な聞き返し＞**で聞いています(7)。
そして**「それでロッカーの中でなく、上へ」**と、**＜SR：単純な聞き返し＞**を使って、批判なしに、そのまま聞いていますね(9)。

③引き出す

そして本論に。
ここでも**「これ、重さどのくらいあると思う？」**と**＜O：開かれた質問＞**から入っています(11)。
さらには
「どうかな。それをそこに置く危険評価は？」＜O：開かれた質問＞、
「かなりやばい」＜SR：単純な聞き返し＞、
「と言うと？」「例えばどんな時に？」＜O：開かれた質問＞、
と、黒岩主任は叱責などはせず、聞き返しや質問を多用。山田さんの気付きを促しながら、話を進めています(11)(15)(17)。

④計画する

さらに最後も、佐藤さんの地震という発言を**「地震で落下の危険性がある」＜SR：単純な聞き返し＞**で受け**「さあ、どうしようか」**と、**＜O：開かれた質問＞**で、計画を明らかにさせました(19)。それに対し、山田さんは、目の前のバッテリーの話のみならず、積年の課題である「整理ベタ」についても心を新たにしたようですね(20)！

補足

収納スペースに余裕のある職場など、あまり見たことがありませんが、みなさんの職場ではいかがでしょうか。そこでロッカーの上は「第2のロッカー」と呼んでもよいほど、格好の一時（もしくは恒久）の物置きスペースになりがちです。
しかし、本事例でも触れているように、約2mの高さからの物の落下は相当なダメージを負わせます。しかもそれは物を載せた本人以外が被る可能性も非常に高いもの。安全は自分のためのみならず、他人のためでもあることは、ここでも再確認したいですね。

<発展学習> 大事にしたい精神　その3

思いやり

MIが大事にする4つの精神（P.8（表1））の3つ目が「思いやり」です。

ここで言う「思いやり」とは、相手の幸せや成長を願うといった意味で、同情したり、一緒に悩んだり苦しんだりすることとは少々異なります。

つまり、共に働く者として、単にルールを守らせることにとどまらず、その先の幸福を考えるということです。事例11で言えば、単に職場でのケガにとどまらず、よくない生活習慣の結果、その後生涯に渡って苦しんでしまいかねないことにまで思いを馳せていますね。

山田さんの発話も、「立ち入った話だけどこれまでの健康診断はどうだった？」⑽、「どうしたらいいと思う?」⒇と仕事のワクを超えて、佐藤さんの人生レベルでの健康を軸に話をしていることが見て取れます。

第6章

整理整頓

第2節 床コード未処理 ～コードの養生が不完全

事例13

事故はちょっとしたことから起きるもの。

転倒もその一つですね。特にコードに足をとられるなどはよくあるケースです。

本来なら養生するところですが、短時間だとついつい怠りがちです。今回も山田さんがやらかしてしまいます。

まさにわかってはいるけど、誰しも陥ってしまいがちなことですね。

事例的要素		
学習課題	事　例	ついついの理由
床コード未処理	コードの養生が不完全	短時間作業 このくらい大丈夫

事例13　床コード未処理

黒岩

(1) （「おっととと」と、新人の木下が床に這っているコードに足をとられ、転倒しかける。「誰だろ、あぶないなア」と呟きながら去っていくのを黒岩が見ていた）

山田

（木下がつまずいたコードの先の作業用ライトをつけて作業をしてる）(2)

(3) おおお、山田さん、機械の補修かい…？　**ご苦労さま<A>。**

いやあ、内側のねじが曲がっちゃっているみたいで、なかなか見えづらくて。(4)

(5) ああ、**それでこの手持ちライトで内側を照らして…<CR>。**

はい。(6)

---

(7) しかし、このライトへの電源コード、えらく長いね。

近くにAC電源なくて、あっちからずっと引っ張ってきて。(8)

(9) **ああ、それで床を這わせた<CR>。**

はい。(10)

(11) いやそれでいま、木下さんがそのコードに足を引っかけて転びそうになってね。なんとかかろうじて転倒はしなくてすんだけど…。ことと場合によっては。

あああ！　スイマセン。いつも佐藤さんに指導をしている私としたことが…。(12)

(13) しかし、**通常の照明では機械の中までよく見えず、近くに電源もなかった、と<CR>。**

はい。しかも、すぐに終わると思ったもので。(14)

(15) **すぐ済む、と<SR>。しかしながら状況はややこしく、間が悪く木下さんのヒヤリ・ハットに<CR>。**

はいい。そのわずかな時間でも人が通って転んでケガでもしたら大ごとですよね。(16)

---

(17) **うん、どうしたもんだろうか<O>。**

はい。そりゃもう、短時間でもケーブルマットとか、敷きます。(18)

(19) **なるほど、いいね。ただ、その都度大変だよね<A>。ほかにも工夫できそう…<CR>。**

設備課に申請して、このエリアにもACコンセントつけてもらいましょうか。(20)

(21) **いいアイデアだねえ<A>。**申請書類でややこしいことがあったら言ってね。

ありがとうございます。木下さんにも謝っておきます！(22)

①関わる

山田さんの電源コードのケア不足のため、木下さんが危うく転びそうになりました。
それをたまたま目撃した黒岩主任。
例によって感情的にはならず、**「ご苦労さま」＜A：是認＞**と、作業のねぎらいから入りました(3)。
そして、黒岩主任はコード処理をとがめる前に、まずは、山田さんの言葉の奥にある、作業の困難さを推察して、**「それでこの手持ちライトで内側を照らして…」**と**＜CR：複雑な聞き返し＞**をしています(5)。
これにより、山田さんも作業の大変さを黒岩主任に深く理解してもらったという気持ちになったかもしれませんね。

②焦点化する

黒岩主任が電源コードの話題に触れても、山田さんはまだ実際に木下さんが転倒しそうになったことを知らないこともあってか、さほど危険性に気付いていないようです。
そこで黒岩主任は、さらに**「それで床を這わせた」**と、山田さんの「事情」について**＜CR：複雑な聞き返し＞**を使って関係を深めています(9)。
その上で、木下さんのヒヤリ・ハットを告げ、話題を「②焦点化」しました(11)。

③引き出す

続いて**「通常の照明では機械の中まではよく見えず、近くに電源もなかった、と」**と山田さんの事情を含めて**＜CR：複雑な聞き返し＞**をしていますね(13)。
それに対し、山田さんは「すぐに終わると思った」と弁明をします(14)。
黒岩主任はそれを一喝するのでなく、**「すぐ済む、と」**と、**＜SR：単純な聞き返し＞**で一旦受け止め、**「しかしながら状況はややこしく、間が悪く木下さんのヒヤリ・ハットに」**と、**＜CR：複雑な聞き返し＞**を用いて、すでにわかっている木下さんのことを気にしているであろう山田さんの気持ちを言語化しています(15)。
山田さんはそれを聞き「わずかな時間でもケガをしたら大ごと」と、本質を口にしました(16)。

④計画する

ここまで問題と解決の方向を握れたら、あとは具体案です。
黒岩主任は具体案を指示するのではなく、シンプルに山田さんに**「うん、どうしたもんだろうか」**と、**＜O：開かれた質問＞**で問いました(17)。
山田さんからはケーブルマットという具体案が出てきました(18)。しかし、黒岩主任はその手間のかかるアイデアを批判はせず、**「なるほど、いいね。ただ、その都度大変だよね」**と、**＜A：是認＞**で一旦受け止め、その上で山田さんの手間を案じます。そして**「ほかにも工夫できそう…」**と語尾を下げ、質問ではなく、**＜CR：複雑な聞き返し＞**でアイデアの拡大を提案しました(19)。それに触発された山田さんは、コンセントの増設を発案(20)、黒岩主任も**「いいアイデアだねえ」**と**＜A：是認＞**。手伝えることがあれば、と励まします(21)。
山田さんは木下さんへの気配りができるまでに余裕が出ました(22)。

補足

多少は危険かもしれないけど、ちょっとの時間で終わるはず。その「ちょっと」が「だいぶ」かかってしまうことはよくあることですね。しかも、そのような場合は大抵込み入った事態になってしまいがちですので、当初の「多少危険」は頭から飛んでいることもあるでしょう。最初から正しい仕事をする。これは品質管理の基本ですが、安全衛生でも共通の鉄則と言えそうです。

ワーク　自分の事例で、指導案を書いてみる

ここまでの内容を参考に、自分の事例で指導案を書いてみましょう。

所属する職場での「整理整頓」に関し、

Ⓐ 欄には、部下・後輩の指導をしなければならない問題＝望ましくない状況のあらましを
Ⓑ 欄には、当人がそうしてしまう理由を（やむを得ないものでも可）
Ⓒ 欄には、指導の案を（部下・後輩の反応、セリフは想像で書いてください）を、
4プロセスで記述してみましょう！（備考欄にプロセス①～④の記号を記入してください）

Ⓐ 問題の所在（望ましくない状況）

Ⓑ そうしてしまう理由や、対象者の特徴など

Ⓒ 指導の案

※備考欄＝4つのプロセス：①関わる、②焦点化する（話題を決める）、③引き出す、④計画する　を記入。
特に「上から目線」でなく！

No	発言者	セリフなど	備考

第7章

応急措置

第1節 熱中症 ～気合いで治す！　とそのままに

事例14

熱中症は、大変危険度が高いにもかかわらず、比較的身近なリスクでもあります。大切なのは予防と早期発見・対処ですが、本人も周囲も、ついつい「大丈夫」「気合い」と思いがち。佐藤さんもそんな1人のようです。熱中症でふらついてる木下さんはその場で座り込んでしまいました。山田さんがそれに気付きました。

事例的要素		
学習課題	事　例	ついついの理由
熱中症	同僚の初期症状放置	気合いで治す

事例14　熱中症

山田 (1) さっき、新人の木下さんを医務室に連れて行ったが、軽い熱中症だそうだ。佐藤さん、倒れる前、**何か木下さんの様子で気になることは？<O>**

佐藤 (2) なんか、力が入らなくて、少しめまいがする、なんて言ってたんですけど、納期に間に合うかギリギリだったんで「時間がないから、気合いで乗り越えろ」と言ったんです。そしたらしばらくして、へなへなと床に座り込んでしまって。

(3) **なるほど。気合いが足りない、と<SR>。**

---

(4) ハイ。あいつ時々、夜更かしとかカラオケで寝不足だとそうなるんですよ。

(5) **今日もそうだと思った<CR>。**

(6) ええ。というか、朝方までゲームやっていて、どこまで進んだとか言ってましたし。

(7) **ますます、本人の不摂生が原因だと<CR>。**

(8) そうです、そうです。そのために納期遅れなんて、とんでもないですよ。

(9) **自業自得なので、気合いで乗り越えろと<CR>。**

(10) はい。その通りです！まあ、ぼくも二日酔いでスパナ落としたことありましたが…。

---

(11) **自業自得であれば、熱中症で倒れてもやむなし、と<CR>。**

(12) いや、そういうわけでもなく…。

(13) **と言うと？<O>**

(14) 熱中症は職場環境の問題になるので…。

(15) **本人だけの問題じゃすまなくなる<CR>。**

(16) ですよね。それに、もしものことがあったら、取り返しがつかないほど後悔する！

---

(17) **ちなみに熱中症の症状ってなんだっけ<O>。**スマホで出てくると思うけど。

(18) (調べる) 最初は頭痛、吐き気、めまいなどで、次の段階がけいれんやこむらがえり、失神…。命にかかわる！

(19) うむ。頼もしいね。**で、今後はどうしよう<O>。**

(20) 納期より人命が優先なので、今のような症状を見たら迷わず熱中症を疑います。水分補給させます。

(21) よろしくお願いします。

①関わる

熱中症にかかった新人の木下さんを医務室に連れて行った山田さん。
山田さんは一緒に作業をしていた佐藤さんにまず、**「何か木下さんの様子で気になることは？」**と、**＜O：開かれた質問＞**で事実確認をしています(1)。
すると木下さんには熱中症の兆候があったにもかかわらず、佐藤さんは「気合いで乗り越えろ」と言ったとのこと(2)。
山田さん、苦々しい気持ちを抑えて、佐藤さんの木下さんへの不満を**「気合いが足りない、と」**と、**＜SR：単純な聞き返し＞**で共有しています(3)。

②焦点化する

山田さんは、佐藤さんの言葉の「その先」を**＜CR：複雑な聞き返し＞**を使って引き出しています。

(4)佐藤：あいつ時々、夜更かしとかカラオケとかで寝不足だとそうなるんですよ。
⇒(5)山田：今日もそうだと思った＜CR＞。
(6)ええ。というか朝方までゲームやっていて、どこまで進んだとか言ってましたし。
⇒(7)山田：ますます、本人の不摂生が原因だと＜CR＞。
(8)そうです、そうです。そのために納期遅れなんて、とんでもないですよ。
⇒(9)自業自得なので、気合いで乗り越えろと＜CR＞。
(10)はい。その通りです！

いかがでしょう。山田さんは佐藤さんが表現できていない気持ちを先回りして言葉にしていますね。そのためか、それを受けた佐藤さんの次の発言が「ええ！」「そうです、そうです。」「その通りです！」と我が意を得たりという反応ですね！　それがこの**＜CR：複雑な聞き返し＞**の効果です！

③引き出す

それを受け、山田さんは、**「自業自得であれば、熱中症で倒れてもやむなし、と」**と、逆に佐藤さんがおそらくそこまで思ってはいないことをあえて提示します。ここでは、質問の形ではなく、あえて**＜CR：複雑な聞き返し＞**を使っていますね(11)。
それに対し佐藤さんは即座に否定しています(12)。これを「間違え指摘反射」と言います。
山田さんは、それを逃さずキャッチし、**「と言うと？」**と**＜O：開かれた質問＞**で深め(13)、佐藤さんから好ましい発想を引き出しています(14)。それを受け山田さんは**「本人だけの問題じゃすまなくなる」**と、**＜CR：複雑な聞き返し＞**で確認・補完。佐藤さんは山田さんからのこの促しで、自分の発想をより深く掘り下げています(16)。

④計画する

ここまで来たら、あとは具体的な対応策です。
ここでも山田さんが対処法を「教える」のではなく、**「ちなみに熱中症の症状ってなんだっけ」**と**＜O：開かれた質問＞**で問い、なおかつ「スマホで出てくると思うけど」と調べ方を助言しています(17)。
佐藤さんがスマホで検索した結果を読み上げると(18)、山田さんは**「で、今後はどうしよう」**と、**＜O：開かれた質問＞**で具体策に落とし込んでいますね(19)。
そこで、佐藤さんは、自分が何をすべきかに自分でたどりつきました(20)。
方法を言われるよりも、身に付き度合いが深まりそうですね！

補足

「気合い」自体は悪いものではないですし、生産性の向上に「気合い」は必要なこともあるでしょう。しかし、それが安全上のリスクを高めることになれば本末転倒ですね。それには、何がどの程度のリスクかを、予め見極められるようになっていることも大切です。
知っていれば防げた、あるいは重大事案にならずに済んだ、ということもたくさんありますね！

<発展学習> 大事にしたい精神　その4

喚起（引き出す）

ＭＩが大事にする4つの精神（P.8（表1））の4つ目が「喚起（引き出す）」です。

この言葉自体は、ここまで進めてきた4つのステップの中の③「引き出す」と同じですね！

まず、この4つの精神で言う「引き出す」は、対話のプロセスすべてに通じます。話し手の、価値観や興味関心を引き出すということです。

ただ、各プロセスによって、何を引き出すかは次のように変化します。

①「関わる」では、聴き手ともっと話したいという気持ちを引き出し、会話を継続させる

②「焦点化」では、話題にしたい言葉を引き出す。

④「計画」では、計画に向かう言葉を引き出す。

になります。

そして、プロセス③の「引き出す」は、行動変容に向かう言動を引き出すことを指します。

ここで重要なのは、職場の安全・衛生は、他人が見ていなくても「行い続けること」にあります。そのためには、「教える・命令する」のではなく、本人にその理由・意思・方法を考えさせますが、強制や罰則、脅しなどはあまり意味がなく、本人の内から湧き出す気づきと計画を「引き出す」ことが重要と考えます。

第7章

応急措置

第2節 応急手当 ～大したことない！ とそのままに

事例15

仕事中のケガを放置した佐藤さん。

納期が迫っていたので「このくらい大丈夫」と、作業を続けましたが、その後ずいぶん腫れてしまい、翌日は欠勤するほどに。

結局、作業は余計に遅れてしまいました。

事例的要素		
学習課題	事　例	ついついの理由
応急手当	受傷放置	大したことない！

事例15　応急手当

山田

(1) （一昨日、作業中、カッターで手のひらを切った佐藤が、そのまま気にせず作業をしたところ夜になって腫れあがり、昨日は病院に行って1日休み。今朝はなんとか出勤）
おはよう。**1日の休みで大丈夫だったかい<O>。**

佐藤

はい、スミマセンでした。 (2)

(3) **うわ、包帯の上からでもグローブしているみたいに腫れているのがわかるよ<A>。**

ええ、まあ。痛み止めは飲んでいるんですが。 (4)

---

(5) **2日たってもまだ痛い…<CR>。**

まあこのくらい、と思って作業続けたんですが、そのカッターに、直前に部材に塗った薬品がついていたらしくて…。 (6)

(7) **単なる切り傷では済まなかった、と<CR>。**

はい。じゃなきゃ、仕事休むほどまでには…。 (8)

(9) **ということは、作業中にカッターでちょっとした切り傷だと思ったけど、意外と深くて、おまけに薬品までついていた。仕事を休むほどになった<S>。**

はい。ここまでなるとは、なかなか侮れません。 (10)

(11) **侮れない…<SR>。**

ええ、図工の授業で手を切ったのとはわけが違うので、バカにできない。 (12)

(13) **ちょっと切っただけとはいえ、傷に何がついているかわからない<CR>。**

はい。 (14)

---

(15) **縁起でもないけど、今後似たようなことがあったらどうしようか<O>。**

えっと…傷にどんな薬品や汚れが入ったか確認して、医務室に行く。 (16)

(17) なるほど。**ほかには？<O>**

えっと…あ、感染のリスクがあるから血液の処理、ですね。アルコールとかで拭いて。 (18)

(19) **そう、けっこう！　まずは1日も早く治ることを祈ってます！<A>**

ありがとうございます。 (20)

①関わる

仕事中のケガで1日欠勤してしまった佐藤さんが出社してきました。
山田さんは、まずはねぎらいながらも、具合を確認していますね(1)。
そして腫れあがった手を見て、**「うわ、包帯の上からでもグローブしているみたいに腫れているのがわかるよ」**と、**＜A：是認＞**で我がことのように心配を表現しています(3)。

②焦点化する

仕事を休むほどの大事に至ったことを受け、
山田さんは**「2日たってもまだ痛い…」**と、**＜CR：複雑な聞き返し＞**でまだ痛みが残ることを推し量ります(5)(7)。
そして、**「ということは、作業中にカッターでちょっとした切り傷だと思ったけど、意外と深くて、おまけに薬品までついていた。仕事を休むほどになった」**
と一旦それらを**＜S：要約＞**しています(9)。

③引き出す

そして佐藤さんの「侮れない」という言葉を、そのまま**「侮れない…」**と**＜SR：単純な聞き返し＞**で受け、強化しています(11)。
そもそも、今回のように、傷のみならず薬品などもあり、図工とはわけが違うので、**「ちょっと切っただけとはいえ、傷に何がついているかわからない」**と、**＜CR：複雑な聞き返し＞**を用い、そのあとの措置の必要性にも言及していますね(13)。

④計画する

そして、**「縁起でもないけど、今後似たようなことがあったらどうしようか」「ほかには？」**と**＜O：開かれた質問＞**で、今後のとるべき措置を確認しています(15)(17)。
受傷者の傷のみならず、血液を介した他者への感染のリスクにも触れていますね(18)。

最後には今の傷に対する気遣いで対話を閉じました(19)

補足

事例14（P.63）と同様、「このくらい」を見誤ると大きな余波が待っていることがあります。
この事例では、同じ「カッターで手を切った」という事象でも、図工の時間のそれと、さまざまな薬品などを扱っている職場でのそれとでは、よほどの違いがあるというものです。事後の措置もさることながら、自分たちが扱っているもののリスク・ハザードを熟知していることの重要性が、ここでも見て取れます。

ワーク 自分の事例で、指導案を書いてみる

ここまでの内容を参考に、自分の事例で指導案を書いてみましょう。

所属する職場での「応急措置」に関し、
Ⓐ 欄には、部下・後輩の指導をしなければならない問題＝望ましくない状況のあらましを
Ⓑ 欄には、当人がそうしてしまう理由を（やむを得ないものでも可）
Ⓒ 欄には、指導の案を（部下・後輩の反応、セリフは想像で書いてください）を、
４プロセスで記述してみましょう！（備考欄にプロセス①～④の記号を記入してください）

Ⓐ 問題の所在（望ましくない状況）

Ⓑ そうしてしまう理由や、対象者の特徴など

Ⓒ 指導の案

※備考欄＝4つのプロセス：①関わる、②焦点化する（話題を決める）、③引き出す、④計画する　を記入。
特に「上から目線」でなく！

No	発言者	セリフなど	備考

第8章

その他安全衛生

第1節 不安全行動 ～キャスター付き椅子に乗る

事例16

職場のみならず家でもやってしまいがちな、キャスター付き椅子の上に乗って行うちょっとした作業。新人の木下さんは「ちょっとだから」と、椅子に乗って、電球を取り換えています。

おや、今度はこれまで山田さんに指導されっぱなしだった佐藤さんが木下さんを指導していますよ！

事例的要素		
学習課題	事　例	ついついの理由
不安全行動	キャスター付き 椅子の上で作業	過信

事例16　不安全行動

佐藤

(1)（「ウワーッ」という木下の大声）どしたどした？

木下

いや、作業場の電球をとりかえようと、この椅子に乗って…。(2)

(3)キャスター付きの椅子！

はい、作業してたら、グルっといって、ズルッと。(4)

(5)（心の中で：何やってんだよ！　でも、ここでは山田さんのように…）
ケガはなかった？　**どこかひどく痛む？<O>**

大丈夫です、おかげさまで…。(6)

(7)**ああ、よかった、不幸中の幸いだね<A>。**

私の横着で、お騒がせしてスイマセン。(8)

---

(9)**脚立がなかった<CR>。**

ええ、隣の作業場行けばあったかもしれないんですけど、つい。(10)

---

(11)**つい…<SR>。**

はい。まあ、このくらいなら大丈夫かな、と。(12)

(13)**大丈夫…<SR>。**

でも、大丈夫ではなかったです…。今後はもうちょっと気を付けなければ…。(14)

---

(15)不安全行動は気を付けましょうと言えばそれまでだけど…**どうしようか<O>。**

はい。キャスター付き椅子はせめてキャスターの
ロックをして、誰かに回転を押えてもらうとか。(16)

(17)うむ、さっきの作業よりだいぶましだけど、
それでもちょっと心配だな。**ほかにどう？<O>**

キャスターなしで回転しない椅子を持ってきて、誰かに押えてもらうとか。(18)

(19)**うん。脚立がないときはそのやり方だと安心だね<A>。**

今後気を付けます。(20)

山田

(21)（物陰からその様子を見ている。
心の声「佐藤さんもなかなかやるじゃないか！」）

〈O〉：開かれた質問　〈A〉：是認　〈SR〉：単純な聞き返し　〈CR〉：複雑な聞き返し　〈S〉：要約

①関わる

木下さんがキャスター付きの椅子に乗って作業をしていたところ、椅子が動いて危うく…。
悲鳴を聞いて駆け付けた佐藤さんは、椅子を見てあきれたと思います。
しかし、これまで山田さんの指導を受けてきた佐藤さんは、一旦その衝動を飲み込み、「ケガはなかった？」**「どこかひどく痛む？」**と、**＜O：開かれた質問＞**で心配を示しています(5)。

ケガのないことを知った佐藤さんは、**「ああ、よかった、不幸中の幸いだね」**と、**＜A：是認＞**で安堵を表していますね(7)。

②焦点化する

ことの起こりは、不安全行動。
佐藤さんは単に「よかったね」で済ませず、**「脚立がなかった」**と、**＜CR：複雑な聞き返し＞**で深堀りを始めます(9)。

③引き出す

木下さんの「つい」「このくらい大丈夫」という何気ない発言を佐藤さんは逃さず、**＜SR：単純な聞き返し＞**でキャッチしていきます(11)(13)。

木下さんも、これは大ごとと思ったのか、「大丈夫ではなかった」と出来ごとを繰り返し、それで今後の方向付けを引き出していますね(13)(14)

④計画する

そして、佐藤さんは、木下さんに**「どうしようか」**と**＜O：開かれた質問＞**で今後の策を大きく質問しています(15)。
それに対し木下さんが半端な回答をすると、佐藤さんは**「ほかにどう？」**と、さらに**＜O：開かれた質問＞**をし、考えを深めていっていますね(17)。
すると木下さんも、安全な方策を切り出し(18)、佐藤さんも**「うん。そのやり方だと安心だね」**と**＜A：是認＞**でそれを支持しています(19)。

それを物陰から見ている山田さんも、佐藤さんの成長ぶりを見て満足そうですね(21)！

補足

「このくらい」の起因する事故、トラブルがどれだけ多いことか。
この事例でもうかがい知れますね。
一方で、佐藤さんの成長ぶりは目を見張るものがあります。
本書で紹介しているようにしつこいような繰り返し、積み重ねが結実したシーンともいえましょう！

ワーク　自分の事例で、指導案を書いてみる

ここまでの内容を参考に、自分の事例で指導案を書いてみましょう。

所属する職場での「その他安全衛生」に関し、

Ⓐ 欄には、部下・後輩の指導をしなければならない問題＝望ましくない状況のあらましを
Ⓑ 欄には、当人がそうしてしまう理由を（やむを得ないものでも可）
Ⓒ 欄には、指導の案を（部下・後輩の反応、セリフは想像で書いてください）を、
4プロセスで記述してみましょう！（備考欄にプロセス①～④の記号を記入してください）

Ⓐ 問題の所在（望ましくない状況）

Ⓑ そうしてしまう理由や、対象者の特徴など

Ⓒ 指導の案

※備考欄＝4つのプロセス：①関わる、②焦点化する（話題を決める）、③引き出す、④計画する　を記入。特に「上から目線」でなく！

No	発言者	セリフなど	備考

第8章

その他安全衛生

第2節 保管方法 ～冷蔵庫に薬品！

事例17

要冷蔵の有害な化学物質を、薬品用の冷蔵庫に入れようとしたら、満杯だったので、食品用冷蔵庫に入れてしまった佐藤さん。たまたま休憩室に来た山田さんが驚いて、「誰だー！」と怒っています。

なかなかヒヤヒヤさせてくれます。見てみましょう。

事例的要素		
学習課題	事　例	ついついの理由
保管方法	有害物質を 食品用冷蔵庫に保存	満杯だったので

事例17 保管方法

山田

(1) （午後の休憩時間。）
おーっと！！！　誰だ休憩室の冷蔵庫に有害な薬品を入れたのは！
（木下が、「佐藤さんだと思いますよ」と告げる）
（心の声：佐藤、殺す気か！　せっかく成長したなと思ったのに。
まあまあ、落ち着け落ち着け。）

佐藤

（休憩室に入ってくる）お疲れさまーっす！ (2)

(3) おっと、佐藤さん、**お疲れさま！<A>**
段取り替え、うまくいったかい？

おかげさまで。 (4)

(5) **よかった。もう、すっかり任せられるな<A>。**

ありがとうございます。 (6)

---

(7) ところで。

また何か…。 (8)

(9) うん、これが冷蔵庫に…。

あ、要冷蔵で、現場の薬品用冷蔵庫が満杯だったので、こっちへ。
まあ、ラベルも貼ってあるから大丈夫だろう、と。 (10)

(11) **ラベルが<SR>。**

はい。やはり…。 (12)

---

(13) **この薬品を誤って飲んだ時に想定されることは？<O>**

普通に死にます。 (14)

(15) **死ぬ<SR>。**

はい…。やはりラベルだけじゃヤバイですよね。 (16)

---

(17) **ビンにはラベルが貼ってある。一方で、万が一間違って口にしたら命に関わる可能性もある<S>。じゃ、どうしよう<O>。**現場の冷蔵庫のことも含め。

やはり、こっちの冷蔵庫は厳禁ですね。
現場の冷蔵庫、古くて使わなくなった薬品まで乱雑に入れてるし。
一度整理すれば、かなり隙間も空くと思います。 (18)

(19) **いいアイデアを思い付いたね！<A>。**

ありがとうございます！　この際だから、整理基準も作ってみます！ (20)

(21) **それだと、横展開もしやすいね！<A>。**
できあがったら、みんなに声をかけてみよう！

はい！ (22)

①関わる

前項でせっかくよいところを見せた佐藤さん。またもや危なげな行動に出ていますよ。
それを知った山田さん、まあ、人の成長は一足飛びに行かないと思ったのか、また自分に冷静さを促し(1)、まずは**＜A：是認＞**を多用して作業の様子をねぎらい、成長を認めています(3)(5)。

②焦点化する

そして山田さん。例の薬品のビンを前に、話題を切り出します(9)。
しかし、佐藤さんはラベルも貼ってあるし大丈夫だろうと、なかなかことの重大さにピンとこないようです(10)。
すると山田さん、それをとがめるのではなく**「ラベルが」**と**＜SR：単純な聞き返し＞**を出しました(11)。
佐藤さんは、そう言われ、再度自分の思込みに疑念を抱きだしたようです(14)。

③引き出す

山田さんはここで、**「この薬品を誤って飲んだ時に想定されることは？」**と、**＜O：開かれた質問＞**でこの薬品の毒性や危険性を単刀直入に質問しました(13)。
すると、佐藤さんも「死にます」と即答(14)。
山田さんも**＜SR：単純な聞き返し＞**で応えます(15)。

佐藤さん、自分の判断の危うさにたどり着きました(16)

④計画する

山田さんは**「ビンにはラベルが貼ってある。一方で、万が一間違って口にしたら命に関わる可能性もある」**と**＜S：要約＞**でそれを確認、続けて**「じゃ、どうしよう」＜O：開かれた質問＞**を使って具体策を問います(17)。
すると、佐藤さんは頼もしい答えを出してきました(18)。
それに対し山田さんも**「いいアイデアを思い付いたね！」「それだと、横展開もしやすいね！」**と**＜A：是認＞**で確実に評価(19)(21)。
整理基準という恒久対策も提案され、山田さんも組織的な対応を呼びかけました。

こうして全員参加で職場の安全・衛生・健康が進化していくのですね！

補足

夏の日、麦茶を飲もうとしたら麺つゆだったという失敗があります。
ポットにはきちんと麺つゆと書いてあったにもかかわらず、です。
こうした人間のミス＝ヒューマンエラーは常に「あるもの」と考え、源流管理に努めましょう！

あとがき：繰り返し、繰り返そう

いかがでしたでしょうか。

17のケースで、ひたすら同じような展開が続きましたね。

前述のように、この本は何か新たな知識を提供するというより、「何度も繰り返して、習い性にする」ことを目的としたものだからです。

これほど繰り返すと、みなさんはもう「4つのプロセス」と「4つのスキル」が頭に刻み込まれているのではないでしょうか。

4つのプロセスは

相手がミスをしても怒鳴りつけるのではなく、まずは、

①関係性を

次いで

②焦点化で話題を定め

③変化の方向へ話を引き出し

④今後どのようにするか計画する

でした。

そのために使うのがたった4つのスキル。

O：開かれた質問で、YES、NOだけでなく考えや情報を聞き出し

A：是認で相手の考えや行動をまずは認め

SR/CR：単純/複雑な聞き返しで相手の考えを深め

S：要約で、相手の話を整理・確認する。

でしたね。

ミスの指導に限らず、日常の中でこれらを駆使し、人間関係を含む職場の改善に役立てていただければ幸いです。

最後に、事例のスケッチ案を提供してくださった産業医大産業医実務研修センターの先生方、そして、私のMI（動機づけ面接）の師、後藤英之先生に監修をいただけましたことを心より御礼を申し上げます。

2022年4月　柴田喜幸

※参考図書：後藤英之ら「リーダーのための動機づけ面接」（幻冬舎、2019）
後藤英之ら「リーダーのための動機づけ面接　実践編」（幻冬舎、2022）

刊行によせて

動機づけ面接は、40年ほど前に、アルコール依存症に対する面接技術として生まれました。その効果の高さから、医療・公衆衛生はもとより、福祉、司法、青少年教育など、幅広い分野で活用されています。わが国でも、この10年で急速に普及が進み、全国各地でワークショップが開催される状況になりました。

その果実を安全衛生教育の分野にも届けたいという思いから、本書は生まれました。著者の柴田喜幸先生は、教育工学の専門家であり、わたくしとともに動機づけ面接を学ぶ仲間です。教育工学の基本原理の一つは、現状とあるべき姿を分析して、そこに至る方策を組み立てることです。本書で取り上げられた「わかっちゃいるけど、ついついやってしまう」問題では、知識と行動の不一致が課題となります。その解決手段として、ヒトの「わかっちゃいるけどやめられない」を解決する、最も強力な手法である動機づけ面接が応用できないか、いわば、教育工学と動機づけ面接がタッグを組んだ成果が、ここにあります。

今、この本を手に取ってくださっている皆さんは、初めて動機づけ面接に接することでしょう。「面接」という言葉はついていますが、「対話の心得」と考えていただければ幸いです。日常の対話を、ほんの少し変えてみるだけで、皆さんの周りにどんな変化が訪れるのか、そんな好奇心をもって、この極めてユニークな書籍を楽しんでいただけたら、これに勝る喜びはありません。

2022年4月吉日　後藤英之

著者　柴田 喜幸（しばた よしゆき）

学校法人産業医科大学　教育教授。
熊本大学大学院教授システム学専攻博士後期課程にて、鈴木克明教授に師事し、インストラクショナル·デザインを学ぶ。社会人教育事業に携わったのち、2008年より現職。併行して東京医科歯科大学院、熊本大学大学院、三重大学大学院、広島大学等の非常勤講師を歴任。NHKディレクター・武井博氏らに師事しシナリオ技術を学び、放送台本執筆や舞台制作に携わる。神奈川県出身。

主な著書等

＊「産業保健スタッフのための教え方26の鉄則」（中央労働災害防止協会、2018）
＊「産業保健看護職のためのキャリアアップに活かせる30のスキル」（メディカ出版、2022）〔編著〕
＊「産業保健スタッフのための経営学入門」（労働調査会、2011）〔共著〕
＊「ストーリー中心型カリキュラムの理論と実践」（東信堂、2014）〔共著〕
＊「大学授業改善とインストラクショナル・デザイン」（ミネルヴァ書房、2017）〔共著〕　他

監修者　後藤 英之（ごとう ひでゆき）

一般財団法人佐賀県産業医学協会理事・健診部部長・診療副所長。
医師、労働衛生コンサルタント、社会保険労務士、公認心理師、JaSMINe（寛容と連携の日本動機づけ面接学会）理事。
JaSMINe（寛容と連携の日本動機づけ面接学会）トレーナー。
産業医科大学医学部卒業。脳神経外科医として修練を積んだ後、産業保健の世界に転身する。2005年4月より、一般財団法人佐賀県産業医学協会に勤務。佐賀県内を中心に、約20社の嘱託産業医を務める。さが県民第九合唱団のテノールパートとして、年末の演奏会に連続出場中。大分県出身。

上司・リーダーのための
ついついやっちゃう不安全行動改善の手引き
動機づけ面接を活用した４×４で組み立てる部下との関わり

令和４年４月28日　第１版第１刷発行
令和５年７月21日　　　　第２刷発行

著　　者　柴田喜幸
監 修 者　後藤英之
発 行 者　平山　剛
発 行 所　中央労働災害防止協会
〒108-0023
東京都港区芝浦3丁目17番12号
吾妻ビル9階
電話　販売　03（3452）6401
　　　編集　03（3452）6209
印刷・製本　株式会社アイネット
デザイン
イラスト　タカハラ　ユウスケ

ISBN978-4-8059-2046-6　C3060
中災防ホームページ　https://www.jisha.or.jp/